シンプルで豪快

梅宮家の秘伝レシピ

梅宮辰夫が家族に遺した料理帖

監修 梅宮アンナ

主婦の友社

この本がうまれるまで

２０１９年に父、梅宮辰夫が逝去し、１年ほどは相続のための対応に忙殺されていました。ようやくひといきついたころ、父の遺した20冊近い料理帖を前にして、これらを本としてまとめたら父はすごく喜ぶだろうな、父は内心、いつか本にしたいと思っていたんじゃないかなと思ったのです。

そして、もうひとつ本にしたい理由がありました。父の生前、私は、料理をほとんどしませんでした。ですから、このままでは父のレシピが消えてしまう。でも本にすることで、父を慕ってくれたファンの方や、メディアを通して父の料理を評価してくださった方々が、梅宮辰夫のレシピを受け継いではくださらないだろうかと願ったのです。

「アンナさんは作らないの？」

念願叶って本書の企画が通り、いよいよ打ち合わせ開始。

一番大切で、大変なのは、メニュー選びです。なにせ２０００以上ものレシピが書きためてあるのですから。

当初は、私たち家族がよく食べたものをはじめ、少々難易度が高いけれど見映えのする、華やかなごちそうメニューを中心に選んでいました。

そんなあるとき編集スタッフの方から「アンナさんは、お料理をまったくなさらないんですか？」と質問されたのです。

「私、しないんです、できません。苦手ですし」と大慌てで答えたのですが「まったくしない？　なにも？」とまた聞かれたので「まあ焼きうどんとか、ハンバーグとか、ルーの箱の裏を見ながらカレーを作るくらいなら」と、おずおず答えたら「その3つが作れれば、家庭料理はたいがい作れますよ」と。

そのうち、この本のお料理をサポートしてくださる料理家の岩﨑啓子先生をはじめ、スタッフの皆さんが「アンナさんって段取りがよさそうだし、美味しいものもご存じだから、やってみたら上手そうだけど」と口々にすすめ始めるのです。

でも、わけあってお料理恐怖症だったので、かたくなに「無理です、無理です」と自分が作ることはまったく考えませんでした。

ある夜、父の料理帖を眺めていたら、一緒に食卓を囲んだ光景や、家族で行っ

たレストラン、私のために朝4時起きで作ってくれたお弁当、幼稚園中のお友達を呼んでお誕生会をしてくれたことなど、いろいろなことを思い出して涙がポロポロこぼれてきてしまって……。

ふと「もう、パパの料理は一生食べられないんだ」と思ったら、哀しみが一気におそってきてしまったのです。

実は、父が亡くなってから、家族の生活を整えるための対応に追われ、父との思い出にふける余裕のある時間をほとんど持てていませんでした。

このときからでしょうか、父の作ったあれがまた食べたい、これが食べたいと頻繁に思うようになったのは。

父のレシピを引き継ぐと決意!

そんな日々を過ごすうち、私は決心したのです。

「料理を始めよう!」と。そして、父のレシピを引き継ごうと。

その決意をスタッフに告げると、どうしてだか制作チームの空気が俄然盛り上がってしまいました。

大至急、料理初心者の私でも作れる、作り続けたいと思えるレシピ選びのやりなおしです。

そういえば、このタイミングでインスタグラムに、ちょこっと「パパのレシピをもとに、私でも使える料理本を作ることにしました」と書いたら、たくさんの応援コメントが書き込まれて驚きました。

それを見た娘の百々果《ももか》がしみじみと「ママには、すごいたくさんのサポーターがついてるんだね」と言ったほどです。

というわけで、この本では、私自身が父から受け継ぎたい、そして皆さんにもぜひ食べていただきたいレシピを、父との思い出とともにご紹介しています。

皆さんが気に入ってくださるといいな。

目次

この本のルール

・1mℓ =1cc
・大さじ1=15mℓ
・小さじ1=5mℓ
・1合 =180mℓ

レタス丼

母によると、父が和食の師匠と仰いでいた
日本料理店「とく山」（現「分とく山」総料理長）が
野崎洋光さん
まかないとして出していた一品。
レタス数枚とごはんがあれば、すぐに作れます。
これは、母が一番作ってもらっていましたね。
ポイントは牛脂。油だけで炒めるよりも
香りとコクがプラスされて美味しくなります。
レタスは火を入れすぎず、さっと炒める程度で。
大切な隠し味は、最後にふり入れる
2〜3滴のしょうゆ。
こんなに美味しくて、お金もかからずできる
丼はありません！

◉材料（2人分）

レタス……5枚
オリーブオイル……小さじ2
牛脂……1かけ
A 薄口しょうゆ……小さじ2
　みりん……小さじ1
塩・黒こしょう……各少々
しょうゆ……2〜3滴
温かいごはん……どんぶり2杯

◉作り方

1 レタスは大きめにちぎり、水けをしっかりペーパータオルでふきとる。

2 フライパンにオリーブオイルと牛脂を入れて弱火にかけ、牛脂を溶かしたら中火にしてレタスを入れ、さっと（20〜30秒程度）炒める。

2 Aを順に入れてさっと炒めたら、温かいごはんの上にのせる。仕上げにしょうゆを2〜3滴ふる。

マグロの漬け丼

ひとり暮らしを始めたとき、
パパのレシピを見ながら
真っ先に作った、今も大好きな一品です。
ニンニクでパンチをきかせ、梅とショウガで
香りづけした漬け丼は絶品。
漬けだれは作り置きしておくと、
すぐに使えるので重宝します。
父はよく「マグロは白いスジが
入っていないものを選ぶんだよ」
と言っていました。

◉材料（2人分）

マグロ赤身……200g
A 酒……大さじ2
　みりん……大さじ1
　しょうゆ……大さじ2
ニンニク……1かけ
ショウガ……½かけ
梅干し……½個
大葉……4枚
焼きのり……少々
温かいごはん……どんぶり2杯
生わさび……少々

a

ここで、ニンニク、ショウガ、梅の香りをしっかり染み込ませるのが、梅宮流。

◉作り方

1 ニンニクは薄切り、梅干しは細かく叩き、ショウガはすりおろす。

2 鍋にAを入れて煮立てる。火からおろしてボウルにあけ、1のニンニクを入れて冷ます。

3 マグロは薄切りにし、1の梅干しとショウガとともに冷めた2に入れ、10分くらい漬ける（a）。

4 温かいごはんに、汁けをきったマグロをのせ、せん切りにした大葉と細かくちぎった焼きのりとわさびを添える。

タコポキ丼

これは、父が大好きだったハワイで
食べたものをアレンジしています。
ハワイ語でポケは魚の切り身をさすそうで
英語風にポキと言うようになったとか。
昔は、ハワイにマンションを持っていたので
現地のスーパーで食材を買い込んでは
旅先でもキッチンでごはんを作っていました。
父は、本当に料理が好きだったんですね。
私は、キャベツのせん切りは
スライサーを使ってしまいます。
細いせん切りになり、歯ごたえもよく、
プロが作ったような仕上がりになるから。
玉ねぎも、ごく薄切りにした方が美味しいです。

◉材料（2人分）

ゆでダコ……200g
キャベツ……2枚
玉ねぎ……¼個
万能ねぎ……2本
A 塩……小さじ⅓
　しょうゆ……小さじ½
ごま油……大さじ1
B 白ごま……小さじ1
　七味唐辛子……少々
温かいごはん……どんぶり2杯

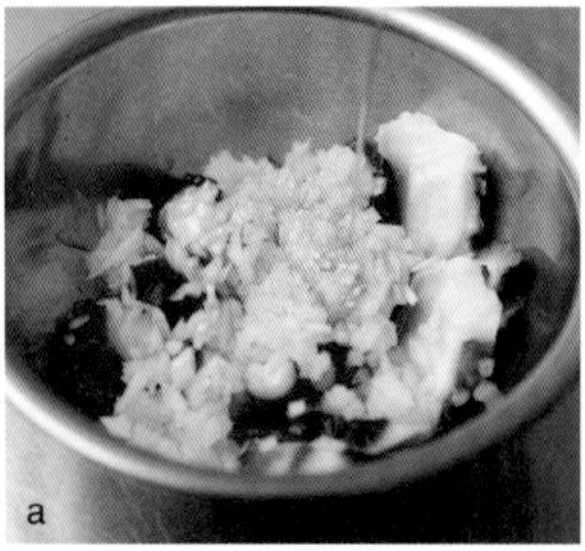

熱々の油を上から加えることで玉ねぎの香りを出すのがポイント。

◉作り方

1. タコは、ひと口大のそぎ切りにし、玉ねぎは粗みじん切りに、万能ねぎは小口切りに、キャベツはせん切りにする。
2. ボウルにタコを入れてAを加えて混ぜ、1の玉ねぎをタコの上にのせる（a）。
3. 小さ目のフライパンにごま油を入れて熱したら、熱々のうちに2に加えて混ぜる。Bと1の万能ねぎも加えて混ぜる。
4. 温かいごはんの上にキャベツを広げてのせ、3をのせて、好みの分量の七味唐辛子（分量外）をふりかける。

我が家のロールキャベツ

◉材料（2人分）

牛肉（焼肉用）……300g
キャベツ……適量
大根……300g
A ウスターソース……大さじ2
※梅宮家では「カゴメ」のソースを使用。
マギーシーズニングソース……大さじ2
ニンニク……¼かけ（すりおろす）
黒こしょう……少々

◉作り方

1 大根はすりおろしてざるにあげ、水けをしっかりきる。キャベツは半分に切る。
2 Aを混ぜ合わせておく。
3 熱したホットプレートで牛肉を焼き、1のキャベツにのせて、好きなだけ大根おろしものせ、2のソースをかけて包んで食べる。

このソース「Maggi Liquid Seasoning ～マギー液体調味料～」はイギリスのメーカーのもの。以前は、日本のスーパーでも手に入ったのですが、今はネットショップでしか購入できないようです。今回はアマゾンで購入。独特な味で、このソースを使わないと「我が家の味」は再現できないんです。ただ海外からの取り寄せになるので、値段が高くなってしまうのは確か。もしも、置き換えるなら「たまりじょうゆ」で。でも、できたらぜひ！　この味を知ってほしいなあとも思います。

ロールキャベツと聞くと、普通は
あのひき肉をキャベツで巻いて煮込んだ
洋食料理を思い浮かべるかと思います。
でも我が家のロールキャベツはこれ！
生のキャベツに焼肉と大根おろしをのせ、
特製ソースをかけ、葉をくるっと巻いて
大胆にかぶりつくのです。
このお料理は、父が、趣味のクレー射撃の大会で
ふるまわれたバーベキューで知り、
とても美味しかったからと
すぐに家でも作ってくれました。
私は、洋食のロールキャベツが苦手で
また野菜もあまり好きではない子どもだったのですが
これなら、いくらでも食べられました。

鍋でごはんを炊く

料理を怖がらず、真剣に取り組もうと決心してから、
最初に思ったことは
「お鍋でごはんを炊けるようになりたい！」ということ。
ごはんのおこげが大好きなので食べたいなと思ったのと、
単純に、お鍋でごはんを炊ける人ってかっこいいなと思ったから。
今は、鋳物ホーロー鍋の「バーミキュラ」で毎日炊いています。
よく「面倒じゃないですか？」と聞かれますが、
そんなことはまったくなくて、
同じように炊いているつもりなのに
日々、仕上がりが違うので面白くてしょうがないです。
今日はどうかな？　とワクワクしながら
ふたをあける瞬間が本当に楽しい。
それにしても、料理をまったくしない頃は
父がお米を炊く前に必ず浸水しているのを見て
「もう、お腹すいてるんだから、浸水なんてしなくていいのに。
無洗米で、早炊きコースで炊いたって同じでしょ」
なんて思っていたんですよ。

私の、この変わりようを、今頃父は、どう見ているんでしょうね。父の白いごはんと炊飯器へのこだわりはP54でもお話ししているので、よかったらぜひ、読んでください。

●材料（2合分・直径18㎝サイズの鋳物ホーロー鍋を使用）
米……2合
水……400㎖

「ル・クルーゼ」や「ストウブ」でも同じように炊けます。お鍋のサイズが多少大きくても、水分量や火加減、炊く時間は同じです。

1 ボウルに米と水（分量外）を入れて3回ほど水を替えて軽く洗う。今は精米技術が上がっているので、力を入れて研ぐ必要はありません。お米が割れてしまうこともあります。

2 1度ざるにあげた米を鍋に入れ、水を加えて30分間浸しておく。

3 ふたをして強めの中火に約5分かけ、沸騰させる。

4 弱火にして13分炊き、5秒強火にしたらすぐ火を止めて15分蒸らす。

5 しゃもじで、ごはん全体の上下を返す。

パジャン

「パジャン」とは、韓国の家庭に欠かせない
薬味たっぷりのしょうゆだれ。
梅宮家流にニンニクをたっぷり使っています。
これは、もう母の大好物でして、しばらく食べないと
恋しがるといって、海外、国内問わず旅行に行くときは
父が必ず持たせていたほどです。
母の友人たちからも、あのパジャンが食べたい！ と
強いリクエストがくるほど人気の一品でした。
あるとき、母と友人のフランス旅行にも
父が持たせたのですが、母たちがパジャンを食べたあと
パリのホテルのサウナに行ったそうで……。
ご想像通り、みんなの汗でサウナがニンニクくさくなり
逃げるように部屋へ戻ってきたそうです。
母は今も、繰り返し「パパのパジャンといえばね」と、
この思い出を楽しそうに話すのです。

◉材料（作りやすい分量）

にら……½束
長ねぎ……½本
青唐辛子……1本
赤唐辛子……1本

A
ニンニク……1かけ（すりおろす）
しょうゆ……大さじ3

B
ごま油……大さじ½
白すりごま……大さじ½
一味唐辛子……小さじ1

◉作り方

1 にらは1cm長さに刻み、長ねぎと青唐辛子は粗みじん切り、赤唐辛子は種を抜いて小口切りにする。

2 ボウルにAを入れて混ぜ合わせ、1とBを加えてさらによく混ぜる。

タコとミニトマトの炊き込みパクチーごはん

タコとパクチーをどっさり使ったメニューです。
この2つの食材は、父が大好きで
料理帖にもタコとパクチーを使った
メニューがたくさん書き記してありました。
パクチーが苦手な方は
無しでも美味しく食べられます。

◉材料（2人分）

米……2合
ゆでダコ……200g
ミニトマト……8個
ニンニクの薄切り……2枚
A 水……250㎖
酒……大さじ1
塩……小さじ¾
黒こしょう……少々
しょうゆ……小さじ1
オリーブオイル……小さじ2
パクチー（香菜）……好みの分量

◉作り方

1 米は洗って水けをきり、鍋に入れる。Aを加えて混ぜ合わせる。

2 ゆでダコはブツ切りに、トマトはへたをとり、ニンニクの薄切りとともに1の米の上にのせ（a）、ふたをして中火にかける。

3 沸騰してふたがコトっと鳴ったら弱火にして13分加熱する。火を止める前に強火にし、3秒数えたら火を止め10分蒸らす。鍋の底から天地を返すように混ぜ合わせて器に盛り、刻んだパクチーをのせる。

a

お米はあえて浸水させずパラっと炊き上げます。またお米の上に具材をのせたら、炊き上がるまで、かき混ぜないよう注意。水分が対流せず、米の炊き上がりと味にムラが出てしまいます。

白みそ汁3種

私は、甘くてシンプルなおみそ汁が大好きなんです。ですから、ここでは白みそを使い、具はひとつだけのレシピをご紹介します。

玉ねぎの白みそ汁

◉材料（2人分）

玉ねぎ……½個
だし汁（P26）……300mℓ
白みそ……大さじ1½

◉作り方

1 玉ねぎは1・5cm幅のくし形切りにしてほぐし、鍋にだし汁とともに入れる。

2 ふたをして沸騰後、弱火で7～8分煮る。白みそを溶き入れてひと煮立ちさせる。

シジミの白みそ汁

◉材料（2人分）

シジミ……150g
A｜だし昆布……5cm
　｜水……400mℓ
白みそ……大さじ2

◉作り方

1 シジミは2％の塩水に浸して砂抜きし（a）、殻をこすりながら洗う。

a

2 鍋に1のシジミとAを入れて中火にかけ、煮立ったら昆布を取り出し、弱火にして4～5分煮る。白みそを溶き入れてひと煮立ちさせる。

わかめのみそ汁

◉材料（2人分）

乾燥わかめ……10g
だし汁（P26）……300mℓ
白みそ……大さじ1½

◉作り方

1 わかめを水で洗い、水に5分浸して戻し、ひと口大に切る。

2 鍋にだし汁を入れて中火にかけ煮立ったら、1のわかめを入れて白みそを溶き入れ、ひと煮立ちさせる。

だしをひく

食材のそれぞれの個性をさりげなくサポートする存在の「だし」。
丁寧にひく正統派から、
湯を注ぐだけの「簡単だし」、
そして作り置きできる「水だし」まで
ご紹介します。

◉材料（作りやすい分量）
水……1ℓ
カツオの削り節……20g
だし昆布……8㎝

1 だし昆布はさっと洗い、鍋に水とともに入れて弱火にかけ、鍋肌に泡が出てきたら（沸騰前の70℃くらいの状態）、昆布をとり出す。

2 中火にし、沸騰したらカツオの削り節を入れ、ひと混ぜして火をとめる。

3 2をざるでこす。

＊冷蔵庫で３日間、冷凍庫なら小分けにして３週間保存できます。

簡単だし

今すぐ、ちょこっと必要な場合は、
だし昆布とカツオの削り節を器に入れて
湯を注ぐだけでＯＫ！
グッと、だしをひくハードルが下がります。

1 器にカツオの削り節4ｇとだし昆布5㎝を入れ、熱湯400㎖を注ぎ5～10分おく。

水だし

こちらは、だし昆布とカツオの削り節に
水を注ぎ、ひと晩おいただけの「水だし」。
冷蔵庫に常備しておくと便利です。
湯で味をひき出すよりも
香りや味は繊細で淡くなりますが、
上品な美味しさです。

1 保存容器にだし昆布8㎝とカツオの削り節20ｇを入れ、水800㎖を注ぎひと晩おく。
※冷蔵庫で2日間、こしたら3日間保存できます。

ぢっぢのステーキ

父の得意料理のひとつにステーキがあります。大きな冷凍庫には、大好きな紀ノ国屋さんで、自らじっくり吟味して選んだヒレかサーロインを常備。こだわりは、肉にニンニクをのせて香りを肉にしっかり移すこと。

今回、本を作るにあたって初めて知ったエピソードがありました。

父のステーキが大好きな娘の百々果は、時折、学校から電話して「今日の夕食は、ぢっぢのステーキが食べたい！　友達も連れて帰るからよろしくね」、なんて贅沢なリクエストをしていたようです。

父も、かわいい孫からのリクエストとあれば、張り切って腕をふるっていたのでしょう。「ああ、わかったよ」とさりげなさを装いながらも、内心は、得意になってステーキを焼く、そんな父の姿が目に浮かびます。

ところで父は、百々果に「おじいちゃん」でも「じいじ」でも「じっじ」でもなく、自分を「ぢっぢ」と呼ばせていました。理由は「ち」に点々の方が温かい感じがするからだとか。そのこだわり、ステーキにのせるニンニクと同じくらい大切だったようです。

◉材料(1人分)

牛ヒレ肉 …… 250g
ニンニクの薄切り …… 8枚
グリーンアスパラガス …… 6本
マッシュルーム …… 6個
塩・黒こしょう …… 適量
オリーブオイル …… 小さじ1

1

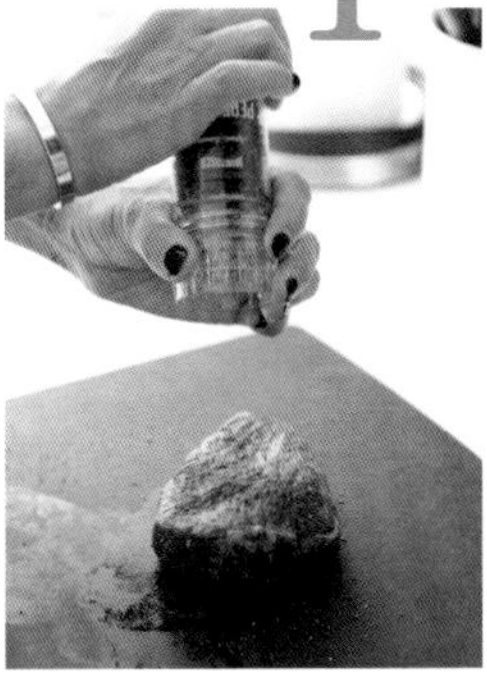

肉に塩、黒こしょうを少々ふる。マッシュルームは薄切りにする。

2

ニンニクの薄切り4枚をまな板の上に並べ、その上に肉を置き、さらにニンニクの薄切りを4枚のせ、ラップをふんわりかけて30分おく。

3

アスパラガスの下の固い分を切り落とし、はかまはピーラーでとる。熱したフライパンにオリーブオイルをひき、アスパラガスに塩少々をふりさっと炒める。

4

アスパラガスを脇に寄せて肉をニンニクごとのせて焼く。ふたはしない。

5

肉の下の面に焼き色がついたら裏に返す。マッシュルームの薄切りに塩少々をふり、空いているスペースでさっと炒める。

お肉が大好きだった父は、いつもこれくらいレアで焼いていました。

この瓶、よーく見ると父の顔がエンボス加工されているんです。

ステーキにはサラダをつけます。ドレッシングは、父がよく作ってくれたアンチョビドレッシング（P32）。

インスタグラムにアップしたら、ファンの方が「タカラ」のプレゼント企画だったと教えてくれました。まだ持っているという方も！

これは、アンナオリジナル「サニーレタスとレタスだけのサラダ」です。歯ごたえの違う２種のレタスを使うことで、食感にリズムが出て美味しいんですよ。

我が家のアンチョビサラダ

野菜嫌いの父は、自分のためにサラダを作ることはほとんどありません。これは、お客様を招いたときに、よく作っていたサラダです。父に言わせると、主役は、野菜よりもニンニクをきかせたアンチョビドレッシング。ドレッシングはかけるのではなく、野菜とあえるようにして食べてください。

◉材料（2人分）

レタス……3枚
サラダ菜……4枚
トマト……小1個
きゅうり……1本
ピーマン……1個

アンチョビドレッシング

アンチョビ（フィレ）……2枚
A 酢……小さじ2
ニンニクのすりおろし……¼かけ分
オリーブオイル……大さじ1
塩……小さじ⅕
黒こしょう……少々

◉作り方

1. レタスとサラダ菜は食べやすい大きさにちぎり、トマトは乱切りに、きゅうりは2㎜の輪切り、ピーマンは種をとり1㎜の輪切りにする。
2. アンチョビは細かく叩き、Aとしっかり混ぜ合わせる。オリーブオイルを加えて混ぜ、塩、黒こしょうをさらに加えて混ぜ合わせる。
3. 1の野菜と2をさっくり混ぜる。

タイ風春雨サラダ

昭和10年代生まれの男性にしては珍しく、エスニック料理が大好きだった父。このサラダは、毎年恒例の桜を見る会や夏のバーベキューのとき、お客様のために必ず作っていました。梅宮家では、魚醤はナンプラーではなくしょっつるを使います。ただ、冷蔵庫にナンプラーしかないという方はそちらで代用してください。

◉材料（2人分）

春雨……40g
エビ……6尾
きゅうり……1本
A レモン果汁……小さじ4
しょっつる……小さじ3
砂糖……小さじ2
オリーブオイル……小さじ1
赤唐辛子……½本
パクチー（香菜）……3本

◉作り方

1 春雨は熱湯に指定通りの時間入れて戻し、さっと洗い、ざるにあげて水けをきり、ペーパータオルで水けをしっかりとる。赤唐辛子は種を除いて小口切りにする。

2 エビは背ワタをとって熱湯で3分ゆで、殻をむく。

3 きゅうりは縦半分に切り、さらに斜め薄切りに。パクチーは2㎝長さに切る。

3 ボウルにAの調味料を入れて混ぜ合わせ、1を加えてさらに混ぜる。2と3も加えて混ぜ合わせる。

牛テールスープ

この料理も、父がハワイから持ち帰ったもので
梅宮家を代表する味。
会員制の「ワイアラエ・カントリークラブ」の
クラブハウスで初めて食べて、
その美味しさに感激したそう。
それから50年、自宅のキッチンで研究を重ねて
生み出した、しょうゆベースの和風レシピです。
このスープは難しい技術はいりません。
時間が美味しくしてくれます。
大切なのは、こまめなアクとり。
雑味がなく透明なスープになります。
パクチーが苦手な場合は白髪ねぎでも。
骨をはずし、身をほぐし、スープごと冷凍すれば
2～3週間は保存できるので、
どうせなら、多めに作っておくことをおすすめします。
ぜひとも〝ハワイスタイル〟にならって
ごはんといっしょに食べてくださいね。

◉材料（4人分）

牛テール……大2個（700g）
水……2ℓ
ニンニク……2かけ
しょうゆ……小さじ2
塩……小さじ1
黒こしょう……少々
ワケギ……3本
パクチー（香菜）……適量

◉作り方

1 牛テールは水でさっと洗ってペーパータオルで水けをふきとる。鍋に牛テールと水1・5ℓ、ニンニクを丸ごと入れ、強火にかける。沸騰後、中火にし、途中アクをとりながら（a）、ふたをして弱火で3～4時間煮る。

2 途中、牛テールが水面から出てしまったら水を足す。牛テールが柔らかくなったらしょうゆと塩、黒こしょうを加えて味を調える。ワケギを小口切りにして鍋に入れる。

3 器に2を盛り、ざく切りにしたパクチーをのせる。

肛門に近い部位なので、こればっかりはいいお肉を！　でも、高い部位でもないので、奮発しても手頃な価格で購入できます。

アクとりをまめにするほど、繊細な味わいに。

バターキムチスープ

骨付きの鶏肉からしっかり旨みを引き出し、
キムチの辛みと酸み、
バターのコクとまろやかさを
ブレンドした、くせになる味です。
もちろん、梅宮家らしくニンニクもきかせます。
特に母はこの料理が大好きで、
バターをこのレシピの3倍くらい入れて食べていました。
お肉は豚のスペアリブにしても美味しいです。

◉材料（2人分）

鶏骨付きブツ切り肉……4個（400g）

A 水……600mℓ
ニンニク……½かけ
酒……大さじ2

キムチ……150g
長ねぎ……¼本
塩……少々
バター……適量

◉作り方

1 ニンニクは半分に切り、長ねぎは斜め薄切りにする。

2 鍋にさっと洗った鶏肉とAを入れてふたをし、沸騰後弱火で10分煮る。キムチを加えてさらに10分煮る。

3 キムチが透き通ったら1の長ねぎを入れてひと煮立ちさせ、塩を加えて味を調える。器に盛り、バターをたっぷり1人大さじ1程度のせる。

さっぱり豚汁

実は、この料理、父の料理帖にはあっても
私たち家族は食べたことがないんです。
でも、レシピをひと目見て美味しそう！
私好みの味だ！と、
ときめいてしまったのでご紹介します。
きっと、食欲が落ちる夏の暑い日に、
家族に栄養をつけさせたいと思って、
考えてくれていたんじゃないかと思います。
レシピには「火を入れすぎないこと」と
メモしてありました。

◉材料（2人分）

豚ロース薄切り肉……100g
絹ごし豆腐……⅓丁（100g）
オクラ……4本
だし汁（P26）……500mℓ
A みりん……小さじ1
　しょうゆ……小さじ1
　塩……小さじ⅓
ショウガ……½かけ
すだち……1個

◉作り方

1 豚肉は食べやすい大きさに切り、絹ごし豆腐は2㎝の角切りにする。オクラは塩（分量外）をふってさっと表面をこすり、洗って、小口切りにする。

2 鍋にだし汁を入れて煮立てたら、豚肉を入れ、Aを加えて味を調え、絹ごし豆腐を入れて、ひと煮立ちさせる。

3 1のオクラを入れて火を止め、器によそい、すりおろしたショウガとごく薄い輪切りにしたすだちを添える。

2種のたれで食べる豚バラもやし鍋

ニンニクをがっつりきかせた
しょうゆだれとみそだれで食べるお鍋は
梅宮家全員の大好物!
春夏秋冬、食卓にのぼっていました。
もやしは1人1袋なんてペロリです。
お豆腐を入れたり、
お肉は肩ロースの薄切りにしても
美味しいですよ。

◉材料(2人分)

豚バラ薄切り肉……200g
もやし……2袋
にら……1束
だし昆布……長さ8cmのもの1枚
水……800mℓ
酒……大さじ3

しょうゆだれ

A しょうゆ……50mℓ
ニンニク……1かけ(すりおろす)

みそだれ

B みそ……大さじ4
ごま油……小さじ2
豆板醤……小さじ1
ニンニク……1かけ(すりおろす)

○下準備

鍋にだし昆布と水を入れて30分以上おく。

◉作り方

1 Aを混ぜ合わせる。Bを混ぜ合わせる。

2 にらは4cm長さに切り、豚肉は半分に切る。

3 鍋に酒を入れて煮立て、もやし、豚肉の順に重ね入れて、具材に火が通るまで煮る。にらを加えてさっと煮たら、器にスープとともによそい、それぞれのたれを加え、混ぜながら食べる。

鶏とせりのきりたんぽ鍋

これは、お正月に必ず家族で囲む思い出のお鍋。
父はよくワインと合わせて楽しんでいました。
きりたんぽは、包丁で切るよりも
手でちぎった方が味が染み込みやすいです。
長芋は水分が多くまとまらないから大和芋で。
せりは三つ葉にかえても。
鶏レバーは、しっかり血抜きしてくさみをとる
ことが美味しく食べるポイントです。

◉材料（2人分）

鶏モモ肉……1枚
鶏レバー……100g
せり……1束
長ねぎ……1本
ごぼう……½本
しめじ……½パック
エリンギ……1本
しらたき……½袋（100g）
きりたんぽ……3本
大和芋……150g

A
鶏ガラスープ（またはだし汁P26）……800㎖
酒……大さじ2
しょうゆ……大さじ3
みりん……大さじ1

◉作り方

1 鶏肉はひと口大に切り、レバーは牛乳または水（分量外）に15分くらい浸して血抜きをして、水けをしっかりペーパータオルでふきとる。レバーが大きければ食べやすい大きさに切る。

2 せりは4～5㎝長さに切り、長ねぎは1㎝幅の斜め切りに、ごぼうはささがきにし（a）、水にさっとさらして水けをきる。しめじは小房に分け、エリンギは軸を5㎜暑さの輪切りに、笠の部分は半分に切る。しらたきは熱湯で1分ほどゆでて食べやすい長さに切る。

3 大和芋はすりおろす。

4 鍋にAを入れて煮立てたら、1とせり以外の2、ちぎったきりたんぽを入れて具に火が通るまで煮る。3のすりおろした大和芋をスプーンで落とし入れ（b）、せりも加えて約1分、さっと煮る。

えんぴつを削るようにそぐ。

あこがれのカレーライス

父の作るカレーは、スパイスを調合して作る
本格的なカレーでした。だから、
テレビから流れてくる、りんごとはちみつの入った
箱入りのルーで作るカレーライスは、
長年、あこがれの料理だったのです。
この、ごく普通のカレーライスは
私が大人になってから作り始めたもの。
美味しく作るポイントは2つあります。
お肉は豚バラの塊肉を切って使うことと、
ニンニクは、必ずすりおろして使うこと。

◉材料（4人分）

- 豚バラの塊肉……400g
- 玉ねぎ……1個
- じゃがいも……1個
- にんじん……1本
- ニンニク……大1個
- カレールー……½箱
- サラダ油……小さじ1
- 温かいごはん……適量

◉作り方

1. 豚バラ肉を1・5㎝厚さくらいの食べやすい大きさに切る（a）。
2. ニンニクをすりおろす（b）。玉ねぎを1㎝幅の薄切りに、にんじんを5㎜幅の輪切りに、じゃがいもはひと口大に切る。
3. 鍋を熱してサラダ油をひき、ニンニクを入れて炒め香りが立ってきたら、肉、玉ねぎ、にんじん、じゃがいもの順に入れて、その都度さっと炒める。
4. パッケージに書いてある通りの分量の水を入れて弱めの中火で10分煮る。途中、アクがあればとり除く。火を止めて薄切りにしたカレールーを入れて溶かす。仕上げに中火で5分煮る。ごはんにかける。

あらかじめカットされているものではなく塊肉を切って作る！

チューブは使わずに、すりおろす！　これは梅宮家の料理家訓。

らっきょうの甘酢漬け

父のらっきょう漬けは、
赤唐辛子をたっぷり入れたピリ辛味が特徴です。
漬け液は冷ましてから入れるので、
らっきょうの食感はカリカリしていて、そこがいいんです。
毎年10kg以上作り続けては、
楽しみに待ってくれている
友人、知人におすそ分けしていました。
父に長年寄り添ってくれた釣り仲間の後藤くんといっしょに、
家の駐車場にしゃがみこんで

らっきょうのひげ根をコッコッととっている姿が今も目に浮かびます。
後藤くんの、「またこの季節がきたか」と
ちょっとうんざりしている顔も思い出して、笑ってしまうんです。
写真は、父が作ったもの。
これが最後なので、来年から、私自身が作ろうと思っています。
父の味になるまで、どれくらいかかるでしょうか。

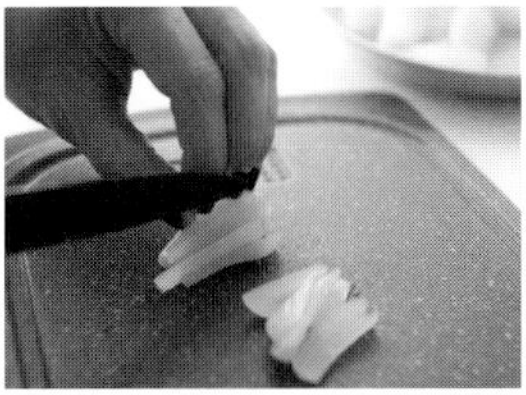
らっきょうは、薄切りやせん切りにして食べると美味しいんです！

◉材料（3kg分）

らっきょう（土付き）……3kg
A 砂糖……150g
　塩……200g
　酢……3ℓ
赤唐辛子……大量

◉作り方

1 らっきょうは洗って先端とひげ根をとり、薄皮もむく。水けをペーパータオルでしっかりとる。
2 アルコールで消毒した容器に1を入れる。
3 Aを煮立てたら、冷ましてから2に注ぐ。種をとり、輪切りにした赤唐辛子を入れる。ふたをして、涼しいところで保存する。

・1カ月後くらいから食べられます。約1年美味しく保存できます。
・時間がたつにつれて味が変わるので、その変化も楽しんでください。

＊料理帖には、「水飴100gを入れたい」とも書いてありました。まだ研究途中だったのでしょうか。両方のレシピで作ってみようと思います。

辰っちゃんカレーの秘密

キッチンから、薬を煎じたような、妙な匂いがぷ～んと漂ってくると「あ、パパがまた、カレー作ってる。くさ～い」と言いながら、慌てて窓を開けていました。

梅宮家のカレーといえば、父が日々スパイスの調合を研究していたカレーです。しかしながら、なぜ、この本に、父、自慢のスパイスカレーが載っていないかというと、私が、大変苦手だからです。

今、スパイスカレーを作ることが、若い人たちの間で流行っているそうですね。う～ん、美味しいお店のスパイスカレーを食べたら私も好きになるかしら？

父がカレーを作るたび、子

ども心に、テレビのコマーシャルで見るようなカレーライスを作ってくれたらいいのに、と思っていました。

そんな父が年に1度、私も食べられる、とびきり美味しいカレーを作ってくれる日がありました。それは、私の高校の文化祭です。

友人のシェフに協力を仰ぎ、高級な牛ヒレ肉を惜しみなく使った、この「辰っちゃんカレー」1杯500円は、文化祭名物で、いつもあっという間に売り切れました。

父がなぜ、私の高校の文化祭に積極的に参加していたかというと、それには理由がありまして……。

私は小学校からある私立の一貫校に通っていたのですが、まったく校風が合わず、私の納得いかない理由で、父が毎日のように先生に呼び出されていました。

私は、子どもながらに系列の高校に進学することを拒否。1年間、高校浪人するという道を選び、学校探しをしました。自分で、校

門の前に立って生徒さんに話を直接聞き、その返答が大変気に入った、制服のかわいい高校へ進学することにしました。

父は父で、「アンナが、今度こそ学校でうまくやっていけるために、自分も学校の先生たちと仲良くしよう」と考え、「おまえのできがよけりゃ、こんなことしないんだ！」と憎まれ口をききながらＰＴＡに入ったのです。

そして、文化祭でふるまう「辰っちゃんカレー」がうまれたというわけです。

私が、大変楽しい高校生活を送れたのは、父のおかげ、とは当時思っていませんでしたが、今、自分が親になって振り返ってみると、本当に心配をかけたんだなと思います。

そして、この本を作りながらふと、思ったことがあります。

父が、持たせてくれたあのお弁当（Ｐ１００）。クラスメートや先生と時々交換していたことを、なんだか申し訳ない気がして父には秘密にしていたけれど、伝えていたら、１年遅れて高校に入学した私が学校にすんなり溶け込めたのだと、むしろ安心してくれたんじゃないかなって。

父の愛情がお弁当に姿を変えて、私のそばで見守ってくれていたってこと、30年たって気づきました。

父とお米と炊飯器

父のごはんへのこだわりは、大変なものがありました。まず、冷やごはんや冷凍ごはんなどもってのほか。〝炊きたて〟にこだわっていました。

そして、もうひとつのこだわりが〝蒸らし〟。お腹をすかせた私が、炊飯器から「できました」の声が聞こえるや否やパカっとふたをあけると、「バカヤロー!!」と怒鳴られたものです。「1度あけたら終わりなんだぞ！　取り返しがつかないんだぞ！」ってガミガミと。

こちらからしたら「え？　取り返しがつかないって何の？」って話ですよね。

ここで父の炊飯の儀式をご紹介しましょう。

まず、炊飯器から炊飯完了のお知らせが聞こえてから10分はふたをあけずに蒸らします。その後、おもむろにふたをあけ、菜箸でごはんを切るようにして空気を入れます。次に酢飯でもないのに大きなうちわでパタパタとあおぎながら、再度菜箸でごはんを切るように混ぜます。このパタパタという音が聞こえると、我が家のごはん大好き！　なポメラニアン、チビコが走り寄ってきて、お箸についたお米粒をもらおうと待つ。ここまでやっと儀式の終わりです。お茶碗に盛り付けるときは、お米が立つようにと、口酸っぱく言われました。

今も、パンツ一丁、ランニングシャツ1枚でうやうやしく、お米をうちわであおぐ、親方感あふれる姿は目に焼きついています。

そうそうお米といえば炊飯器の話も。

父は、しょっちゅう家電量販店に行っては炊飯器の最新機種をチェックし、まだ使える炊飯器があるにもかかわらず、ついふらふらと高性能炊飯器の誘惑に負けて買ってきてしまうのでした。

一時、家には10台くらいの炊飯器があったのではないでしょうか。

初めて調理器具を買う

お料理を始めるにあたって、一番最初に買ったのは「バーミキュラ」という鋳物ホーローのお鍋です。お米を炊く土鍋を買うつもりで街に出たのですが、調理器具を目的にショッピングをするなんて人生で初めてのこと！　恐る恐るデパートのキッチン用品売り場に足を踏み入れた先での運命の出会い。シックなグレーの色にひと目惚れしてしまったのです。鍋敷きとの色の組み合わせにすごく悩みました。でも、お洋服の小物選びのように、自分で色合わせを楽しめるのも、すごく私好みだったのです。

そこからはずみがついたのか、卵焼き器やフライパン、包丁などもアマゾンで買ってみました。私が選ぶときに、一番大切にしているのはデザインです！

先日、インスタグラムに包丁をアップしたら「その包丁は切れますか？」と質問

このバーミキュラで毎日ごはんを炊いています。

がきたのですが、「切れない包丁ってあるんですか？」と周囲の人に質問したら笑われてしまいました。

そうか調理器具はこだわり始めると、そこまで性能を気にするようになるのかと感心しました。

でも、私の場合、いくら性能がいいと言われても、デザインがしっくりこないとどうしても手がのびないと思います。

調理器具といえば、すごく重宝しているものがあります。それはフードプロセッサー。美味しいハンバーグ（Ｐ96）のレシピを改めて確認するにあたって、母の友人水野さんに教えを請うたのですが、私が料理を始めると聞いてすごく喜んでくださり、お祝いにプレゼントしてくれたのです。

涙を流しながら、もたもたしていたみじん切りが一瞬でできるのに感激。今後ともせん切りはスライサーを使うなど、便利な器具にはどんどん頼る方針でいます。

実は、今、大きな夢がございまして……。それは「調理器具やキッチングッズのデザイン」です。気が早いですか？　でも、すでに頭の中はアイディアがいっぱいなんです。

父と家族と料理

ここでは、少し、父のことを紹介したいと思います。

梅宮辰夫といえば、愛妻家で娘を溺愛する子煩悩。家での料理一切を引き受ける良き夫であり料理愛好家としてすっかり有名ですが、最初からそうだったわけではありません。

父が人生を変えたのは36歳でがんになったとき。私が2歳のときでした。「余命3カ月」と告げられ死を覚悟した父は、残される妻子の苦労を思い、結婚したこと、子どもを作ったことを激しく後悔し、それまでの自分の生き方を深く反省したといいます。その後、医師が「奇跡だ」というほどの回復力を見せてがんを克服。

そのとき父は、人生で大切なものをはっきりと決めたそう。家族です。

それ以降、銀座で飲んで帰ってくるような生活をピタッとやめたのだとか。

「それまでは朝7時から撮影が入っていたら、6時半まで飲み明かすような毎日だったのよ」と母。

父の決心がどれほどのものであったかを表すエピソードがあります。

ある日、右手に幼い私、左肩にオムツを詰めたバッグを担ぎ映画の打ち合わせに行ったところ、衣装合わせの前に、「ちょっとアンナのオムツを替えるんで待ってもらえますか」と言ったそうなのです。

そうしたら居合わせた監督が「今回はス・ケ・コ・マ・シの役なのに、赤ん坊のオムツを替えるような奴にできるか！　もうこの企画はなしだ！」と激怒し、仕事が流れてしまったとか。

父はケロリとして「だったらしょうがねえな」と言ったそう。なぜなら、人生で一番大切なのは家族だから。

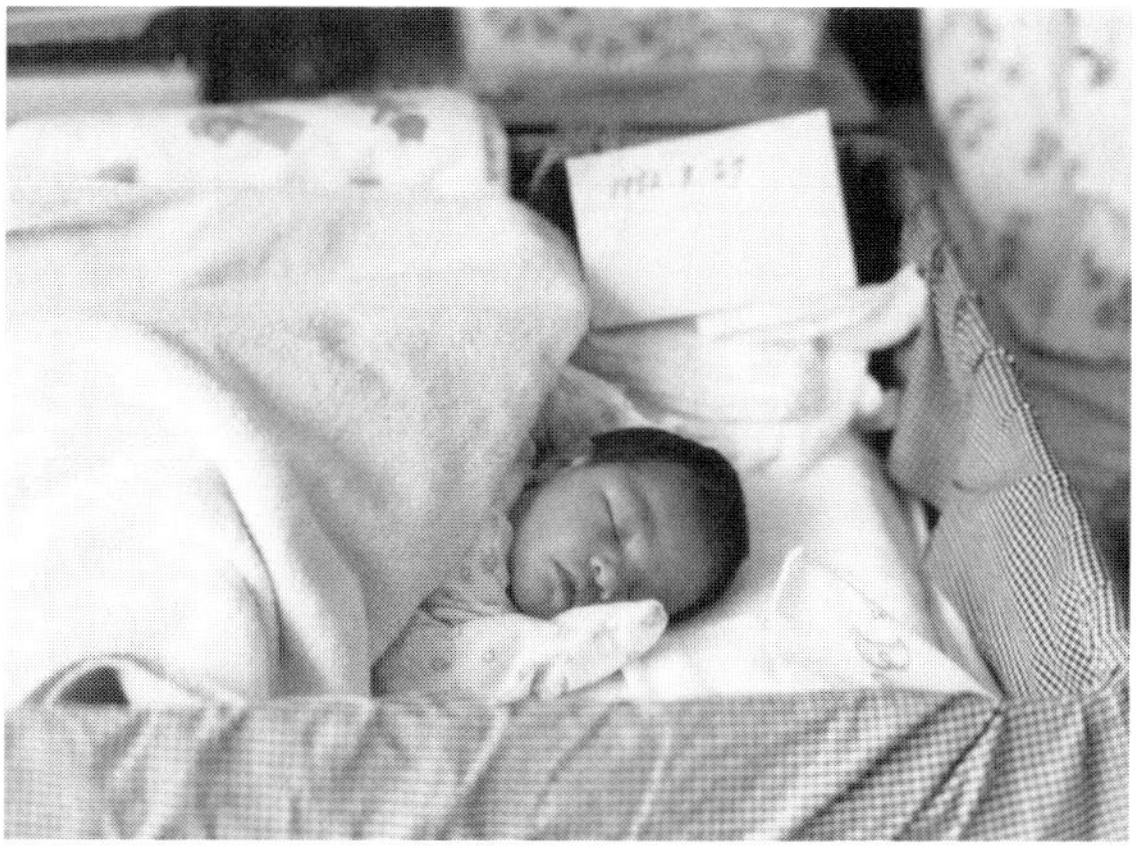

現代ですら、男性が育児休暇をとるとなると、肩身が狭くなるなんて話も珍しくありません。昭和の時代に、娘の子育てについて堂々公言し、実践していた父は、時代の先駆者だったと思います。

父が料理を本格的に始めたのも、おそらくこの頃から。

父にとって料理は、自分の人生の転換期に出会ったもの、生き方を変えると決めたときに出会ったものなのです。

娘の学校行事を確認してから仕事を入れる

毎年、父は私の始業式の日に休みをとり、私が学校から帰るのを家で待ちかまえていました。目当ては学校行事一覧表。自分の手帳に、運動会から保護者参観日まですべて書き込み、マネージャーさんに「俺はこの日、仕事しないから」と宣言するのです。

でもね、今、ふと思ったのですが、実は私も父と同じようなことをしているのです。百々果の運動会の日に仕事をするしないでもめて、最初の大手事務所をやめることを決めたのですから。血は争えませんね。

父が幼い私のためにやってくれたことで、今も覚えていることといえば幼稚園時代のお誕生会でしょうか。私は星組さんだったのですが、お隣の月組さんも含め40名のお友達を自宅に招待して盛大に開いてくれました。庭にはアメリカから取り寄せた大きなビニールプールが設置され、父自らお肉を焼いてのバーベキュー。

機会さえあればバーベキューをやりたがる人でしたが、きっと、幼稚園でお友達と仲良くなるきっかけも作ってあげたかったんでしょうね。

拳《こぶし》と拳でわかり合う親子関係⁉

皆さんにお話すると、意外がられるのですが、私は、ふたりきりのときも、よそ様の前でも父に褒められたことってほとんどないんですよ。実情を知った人からは「もっと、猫っかわいがりされてるのかと思った」なんて言われるほど。ベタベタした関係ではなく、あっさりしていましたね。

思春期などは、取っ組み合いの喧嘩もしました。どちらかと言うと「拳と拳」でわかり合う関係だったともいえます。娘というより、息子扱いだったような気も。

父に、とくに厳しく躾けられたのは、食事のマナー、そして料理を作ってくださる方、サービスしてくださる方に敬意を払うこと。小学生くらいでしょうか。日本料理店「とく山」さんで、ふぐをいっしょに食べたときには「いいか、料理人が丹精込めて造っているんだから、まとめて箸でつかむんじゃないぞ。1枚1枚丁寧にな」と注意されたことも。ふぐの味よりも、その言葉の方をよく覚えています。

梅宮家のちょっと変わった食卓のお話

この本のメニューを見て、いわゆるグラタン、スパゲッティ、コロッケ、唐揚げ、肉じゃがなど、日本を代表する家庭料理が見当たらないと思った方もいらっしゃるのではないでしょうか。なぜか。理由は、父が「そういう子どもが食べるような料理」を好まなかったからです。

ここで、ちょっと風変わりな梅宮家の食卓の様子をご紹介します。

梅宮家では、午後5時には全員が食卓について晩御飯を食べ始めます。ですから我が家で唯一料理をする父は、仕事へ出かける前に夕飯の仕込みをし、午後3時には仕事を終え（られるようディレクターさんなどにお願いし）、午後4時には帰宅して料理の仕上げをします。食卓には常に4～5品おかずが並びます。

ただし、メニューは、ほとんどが父の晩酌のお供となる酒の肴。子どもの苦手なスパイスや香草をたっぷり使ったエスニック料理もよく作っていました。あとは、そのとき夢中になって試作している名も無い実験料理でしょうか。父が野菜嫌いなので野菜料理はあまり出てきません。栄養バランスのため、健康のため野菜を食べなさいと言われたことは、ついぞありませんでした。

また、梅宮家は味の好みがなぜかバラバラ。たとえば父は辛いものが好きで甘いおかずが嫌いですが、私は辛いものや酸っぱいものが苦手で甘いおかずが大好きといった具合です。父の作ったものを食べたくないときはどうするかというと、各自好きなものを自分で調達して持ち寄ります。コンビニでお弁当を買ってきてもいいし、コーンフレークや卵かけごはんですませてもOK。

「せっかく親が作ったのに、食べないのか！」と怒られることもありません。なぜなら父は、自分の食べたいものを作って、満足しているからです。

一般的な家庭の食卓とはかなりかけ離れていると思うのですが、振り返ってみると、この「子どもの頃から自分の食べたいものは自分で決めて、そこになければ自分で調達する」というスタイル。自分のことは自分で考えて決め、その結果を誰のせいにもせず引き受けるという能力を鍛えてくれた気がして、案外良かったなと思っています。

そうそう、「毎日そんなに何品も作って、お父様すごいですね」と言われることもありますが、梅宮家は週3～4回は外食でした。

父の料理は、あくまでも、自分の食べたいものを自分の作りたいペースで作る男の趣味の料理なのです。でも、だからこそ、一生、料理が好きでいられたのかもしれませんね。

パパとママのぬか漬け

実は、料理を始めたい、父の味を引き継ぎたいと私に決意させたのは、父のぬか漬けの味なんです。ただ、残念なことに料理帖にぬか漬けのレシピは残っておらず。また、ぬか床を作るところから始めるのは、まだ荷が重いなと思っていたところ、「今は、すぐに漬けられる発酵ぬか床が人気ですよ」と教わり、早速買ってみました。メーカーによって、味も違うとのことで、お気に入りの発酵ぬか床探しをしている最中です。ぬか床に、ショウガの皮やニンニク、梅などを入れると味に個性が出ると聞き、もう少し慣れてきたら、自分らしいぬか床作りに挑戦してみようかなと思っています。

ぬか漬けといえば、父と母・クラウディアらしいエピソードがあるんです。

マメで世話焼きな父は、ぬか床も大切にしていて、自分が家にいるときは、日に数回ぬか床をかき回していました。

問題は家をあけるときです。当然、母しかお世話する人はいないのですが、母は、ぬか漬けは好きだけど、ぬか床は「臭い、臭い」と敬遠します。そこで父がとった策は、母に一回につき千円を渡し、正式な仕事としてお願いすること。

母も仕事ならと、真面目にぬか床をかき回します。

子供心に、変わった夫婦だなあと、二人を見ていました。

◉材料（作りやすい分量）

市販の発酵ぬか床……1袋
塩……適量
きゅうり……1本
にんじん……1本
キャベツ……¼個
かぶ……1個

◉作り方

1 ぬか床用の容器に発酵ぬか床を入れたら、好みの野菜を塩もみして、切って入れる。

私のぬか漬けベストメンバーは、きゅうり、にんじん、キャベツ、かぶ。

私の実験によると、きゅうりは、かるく塩もみしてから丸ごとぬかに漬けて、8時間後がベストです。

にんじんは半分に切って24時間後がベスト。キャベツは、葉を1枚ずつバラして漬けるか、葉と葉の間にぬかをはさんでから漬けると美味しいようです。キャベツについては、ベストな時間は未だ研究中です。

水っぽくなってきたら、ペーパータオルを1枚上にかぶせています。保存容器は「野田琺瑯」のものを使用。最近は、あっという間に食べてしまうので、もう少し大きい容器にかえようかなと思案中です。

パパとママのぬか漬け

おばあちゃんのキムチ

私は、祖母が作るキムチが子どものころから大好きでした。祖母の家に遊びに行くと、いつもこたつの上に、瀬戸物の器があり、ふたを開けるとキムチが入っているのです。ちょっとだけと思うのに、ついつい手が伸びてしまうほどの美味しさ。味の決め手は干しエビとイカの塩辛です。

ふと、料理上手な叔母ならレシピを知っているかもしれないと思い、従姉妹に連絡をとってみたら、ありがたいことに叔母と従姉妹で、今もレシピを受け継いで作り続けているとのこと。毎年12月17日ごろに市場に買い出しに行き→12月20日ごろに白菜を塩漬け→12月24日ごろ本漬けというスケジュールで作っているとか。

そしてこのキムチ、祖母は「朝鮮づけ」と言っていたそう。理由は、戦前、満州にいたころ、現地の方に教わったから。

今年は、従姉妹たちとキムチ作りに挑戦できたらなと思っています。

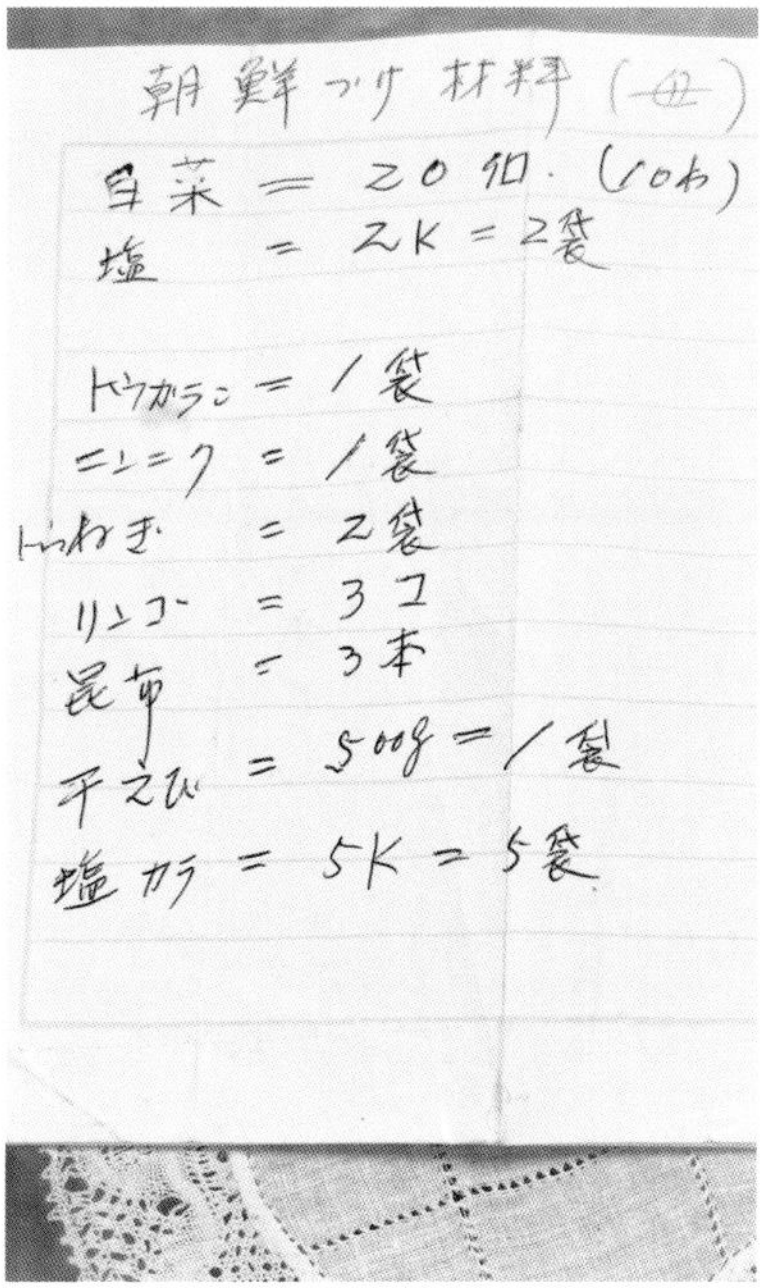
朝鮮づけ 材料
白菜 = 20
塩 = 2K = 2袋
トウガラシ = 1袋
ニンニク = 1袋
ねぎ = 2袋
リンゴ = 3コ
昆布 = 3本
干えび = 500g = 1袋
塩カラ = 5K = 5袋

これは、おばあちゃん手書きの、キムチのレシピメモです。毎年、白菜20個分！も作っていたんですね。父の料理好き、おすそ分け好きは、祖母譲りでしょうか。従姉妹によると、今はこれほど大量には作っていないそうです。塩辛も昔に比べて値上がりしてしまったので少なめだそう。

朝食セット

小学生のころから
旅館で出てくるような朝のお膳が大好きでした。
お休みの日の朝には、父が必ず
この和朝食を作ってくれていました。
お魚はアジの開きかサケの焼いたもの。
炊きたてのごはんに、丁寧にだしをひいたおみそ汁。
ぬか漬けに副菜が１～２品。
納豆や焼きのりがつくときも。
母は、トーストに卵料理、コーヒーという
ホテル朝食スタイルを好んだので
この手のこんだ和朝食を
私だけのために、当たり前のように
作ってくれていたんです。

メニュー

・お鍋で炊いたごはん（P18）
・豆腐とわかめのおみそ汁（白みそ仕立て）
・アジの開き、大根おろし添え
・ぬか漬け　にんじん、きゅうり、キャベツ（P64）
・ほうれんそうのおひたし（P70）
・大豆とひじきの炒め煮（P72）

ほうれんそうのおひたし

一見、簡単な料理ですが
美味しく作るにはコツがいります。
ほうれんそうは一度に鍋に入れると
湯の温度が一気に下がるので
加熱時間が長くなり、
柔らかくなりすぎてしまいます。
ですから、必ず2回に分けてゆでてください。
そして、一度、少量のしょうゆで
軽く下味をつけます。

◉材料（2人分）
ほうれんそう……150g
しょうゆ……小さじ1½
おかか……¼袋

美味しくゆでるポイントその1は根からゆでること。

全体を菜箸で、そっと沈ませる。

少量のしょうゆで洗うことで下味をつける。

◉作り方

1 ほうれんそうをは根元をそぐ。根が太ければお尻に十文字に切り目を入れる。ボウルに水をはり、全体をつけながら流水で洗い、汚れをとる。

2 鍋に湯を沸かし、2回に分けてほうれんそうを根から入れ（a）、全体を沈ませて30秒ゆでる（b）。残りも同様に。

3 水をはったボウルに2を入れて冷ます。ほうれんそうの根は少し強めに、葉は弱めに手で絞り3㎝長さに切る。

4 ボウルに3としょうゆ小さじ1を入れて混ぜ合わせ、軽く汁けをきる（c）。さらにほうれんそうとしょうゆ小さじ½をあえて器に盛り、おかかをふる。

大豆とひじきの炒め煮

父は、こういった日本の家庭料理を代表するような煮物は、ほとんど作りませんでした。
でも、私は大好きなので
しょっちゅうお惣菜屋さんで
「ひじきの炒め煮」を買っています。
自分で作るには難しいかなと
思っていたのですが、
思いきって、自分のレパートリーに
入れることを決意しました。
この本の料理をサポートしてくださる
岩崎先生に教わることに。
味は、私好みに、少し甘めにアレンジ。
乾燥豆を戻すところから作るのは
ハードルが高いので
まずはゆでた大豆で作るレシピから。

◉材料（作りやすい分量）
ひじき……30g
油揚げ……1枚
にんじん……40g
こんにゃく……½枚
ゆで大豆……50g
サラダ油……大さじ1
A
だし汁……200ml
酒……大さじ2
砂糖……大さじ2½
しょうゆ……大さじ2½

◉作り方
1 ひじきは、さっと水洗いし、たっぷりの水に20分浸して戻し、ざるにあげる。油揚げは縦に半分に切り、さらに短冊切りにする。
2 にんじんは太めのせん切りに、こんにゃくは短冊切りにしてさっとゆでる。
3 鍋に油をひいて熱し、2を全体に油が回る程度に炒める（a）。1とゆで大豆を加えて、さっと炒める（b）。Aを加えて混ぜ、ふたをして沸騰後弱火にして10分煮る。一度冷ます（冷ましながら味を染み込ませる）。

a

b

こんにゃくの昆布じめ

こんにゃくが大好きな梅宮家では
タイのお刺身ではなく、
こんにゃくで昆布じめを楽しみます。
梅肉をみりんで溶きのばして、
ちょっとのせることで味がしまるんです。

◉材料（2人分）

白板こんにゃく……½枚
だし昆布……15cm 2〜4枚
塩……適量
梅干し……¼個分
みりん……少々

◉作り方

1 こんにゃくを熱湯で1分ゆでたら冷まし、薄いそぎ切りにする。

2 昆布はさっと洗って水けをふき、塩をふり、1をのせ（a）、塩少々をふり、昆布ではさむ。ラップでピッチリ包み冷蔵庫にひと晩おく。

3 梅干しは細かく叩き、みりんでゆるめ、2のこんにゃくに添える。

a

こんにゃくのピリ辛炒め

お鍋に山ほど作ってあったのを
あまりに美味しくて、
ちょっとだけ、ちょっとだけとつまんでいたら、
半分くらいなくなってしまい、
父にいや〜な顔をされた
なんてことが、しょっちゅうありました。
そんなことも、父との懐かしい思い出。

◉材料（2人分）

黒板こんにゃく……1枚
ごま油……小さじ1
A 砂糖……大さじ½
　しょうゆ……大さじ1
　酒……大さじ2
赤唐辛子……½本

◉作り方

1 こんにゃくは、ひと口大に手でちぎり、熱湯で1分ゆでてざるにあげる。赤唐辛子は種を除いて斜め切りにする。

2 小鍋に油をひいて熱し、1のこんにゃくを炒めプリッとなったら火を止める。Aを順に入れて混ぜ、中火にかけ、汁けがなくなるまで混ぜながら煮る。

じゃこピー炒め

ちりめんじゃこの塩分によって
仕上がりが変わるので
味見をしながら
おしょうゆを加減してください。
パパはお酒のアテにして、
私はごはんのお供として楽しんでいました。

◉材料（作りやすい分量）

ピーマン……4個
ちりめんじゃこ……50g
サラダ油……小さじ2
A
豆板醤……小さじ½
しょうゆ……小さじ1
みりん……小さじ1

◉作り方

1 ピーマンは、細切りにする。フライパンを熱して油をひき、ちりめんじゃこをカリッとするまで炒める。

2 ピーマンを加え歯ごたえが残る程度にさっと炒め、Aを順に加えて炒め合わせる。

しらたきとニンニクの芽のオイスターしょうゆ炒め

これは、本当によく食べました。毎日食べても飽きない味です。
ニンニクの芽は2分ほど炒めたら1度取り出して、途中で戻すと、
歯ごたえも残るし、色みも鮮やかなままです。

◉材料（2人分）

しらたき……1袋（200g）
牛切り落とし肉……100g
ニンニクの芽……1束
玉ねぎ……¼個
長ねぎ……¼本
ごま油……大さじ1
A
酒……小さじ2
オイスターソース……小さじ2
しょうゆ……小さじ1
塩・黒こしょう……各少々

◉作り方

1 しらたきは、熱湯で1分ゆでて食べやすく切る。牛肉は細切りにし、ニンニクの芽は3〜4㎝長さに、玉ねぎは細切り、長ねぎは縦半分に切って斜め切りにする。

2 フライパンを熱して油の半量を入れ、ニンニクの芽を中火で1分程度炒めて取り出す。

3 フライパンに残りの油を足して熱し、牛肉を入れてさっと炒め、玉ねぎ、長ねぎ、しらたきを順に加えながら、玉ねぎが透き通るまで炒める。Aを加えて混ぜ合わせ、2のニンニクの芽を加えて炒め合わせ、仕上げに塩、黒こしょうで味を調える。

焼きサンマ

塩をぱらりとふって、
かぼすをキュッとしぼる。
大根おろしといっしょにパクリ。
秋の贅沢ですねえ。
魚をきれいに食べられることは
私の、ちょっとした自慢。
幼いころに、魚好きの父から
食べ方を教わったのです。

◎材料（1人分）

サンマ……1尾
塩……ふたつまみ
大葉……1枚
大根おろし……適量
すだち……½個

◎作り方

1 サンマの片面に塩をひとつまみずつふる。

2 1を中火で熱した魚焼きグリルに入れ、両面焼きなら弱めの中火で8〜9分、片面焼きなら5分ずつ焼く。器に盛り、大葉と大根おろしとすだちを添える。

サケのかま焼き

かまは脂がのって美味しい部位ですね。
紀ノ国屋さんにいいのが入ると
父がいそいそと買ってきました。
手に入りにくい部位でも
あるようなので
スーパーや近所の魚屋さんと
仲良くなる必要があるかも？

◉材料（2人分）
塩ザケのかま……2個

◉作り方
1 塩ザケを中火で熱した魚焼きグリルに入れ、両面焼きなら弱めの中火で8〜9分、片面焼きなら5分ずつ焼く。

キンメの煮付け

味は、私好みの
こっくり甘めなレシピにしています。
切り目を1本入れることで、
火が入りやすく味も染み込みやすくなるので
身がふんわり仕上がります。
ふたをすると匂いがこもってしまうので
落としぶたに。
ごぼうは、歯ごたえが残るくらいに
さっと煮る程度で。

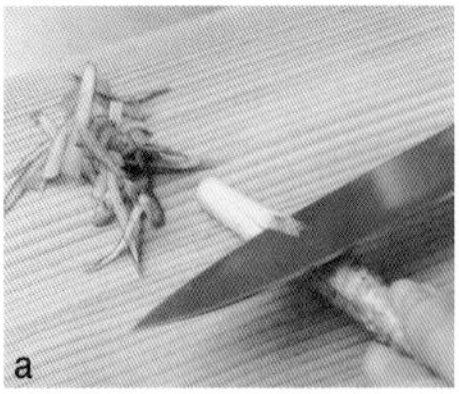
鉛筆を削るようにそぐ。

ぴっちり閉まるふたでは魚の匂いがこもってしまうのでアルミ箔の落としぶたで。

魚の身が崩れないように優しく煮汁をかけて。

◉材料（2人分）

キンメダイ……2切れ
ショウガ……½かけ
ごぼう……50g
だし昆布……10㎝
A
水……200㎖
酒……大さじ3
みりん……大さじ3
砂糖……大さじ1
しょうゆ……大さじ2

◉作り方

○下準備
アルミ箔を鍋の大きさに合わせて丸く折り、中心に穴をあけ、落としぶたを作る。

1 キンメダイの皮目に、斜めに1本切り目を入れる。ショウガは太めのせん切りにし、ごぼうは薄めのささがきにし（a）、さっと水に通し水けをきる。

2 フライパンにさっと洗った昆布とAを入れて混ぜ、煮立てる。1のキンメダイとショウガを入れて沸騰後、アルミ箔の落としぶたをのせる（b）。

3 弱めの中火にかけ（煮立った状態が続く火加減）、10分ほど、時々煮汁をキンメダイにかけながら煮る（c）。空いているところに1のごぼうを入れ、2分ほど煮る。

4 だし昆布を取り出してせん切りにする。器に3のキンメダイを盛り、昆布とごぼうを添え、煮汁をかける。

イカめし

私には、少しハードルが高いかなと
迷ったのですが、
大好きなイカめしが作れるように
なったら人生楽しいなと思って
父のレシピを引き継ぐことにしました。
加熱すると、もち米はふくらみ
イカは縮むので、米を詰めるのは
イカの胴の2／3程度までに。

◉材料（3～4人分）

イカ …… 小4杯
もち米 …… ½カップ（100g）
ショウガの薄切り …… 2枚
A
- 水 …… 400mℓ
- しょうゆ …… 大さじ2
- みりん …… 大さじ2
- 酒 …… 大さじ2
- 砂糖 …… 小さじ1

◉作り方

○下準備
もち米を洗い、水に6～8時間つける。
アルミ箔を鍋の大きさに合わせて丸く折り、中心に穴をあけ、落としぶたを作る。

1 浸水しておいたもち米をざるにあげて水けをきる。ショウガはみじん切りにし、もち米と混ぜる。

2 イカは足とワタを抜き（a）、足からワタと吸盤を切り取る。足は食べやすい大きさに切り分ける。

3 イカの胴から軟骨を抜き、よく洗ってからもち米を⅔程度詰めて（b）楊枝で止める（c）。

4 鍋にAを入れて煮立てる。イカを並べ入れて（d）、アルミ箔で落としぶたをし（e）、沸騰後弱火で50分煮る。足を空いているところに入れさっと煮る（f）。粗熱がとれるまで冷まし、切り分けて盛り付ける。

しっかり浸水することで、もちもちに炊き上がる。

a

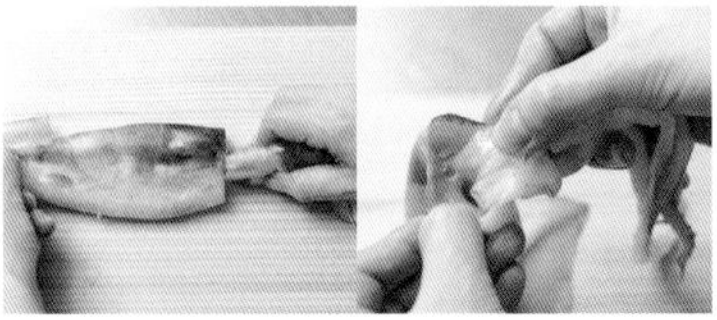

胴の中に指を入れて、胴から足をはがしたら、まな板の上にのせて足とワタを引き抜く。

b

もち米は水分を吸うとふくらむので胴いっぱいに詰めないこと。

c

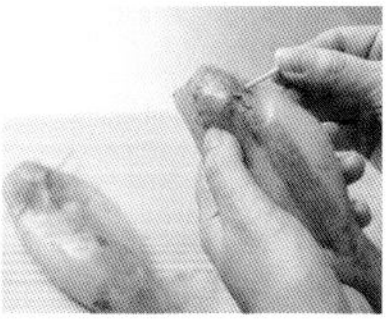

楊枝で、口を縫うようにして止める。

d

イカはたがい違いに並べるとおさまりがよい。

e

落としぶたは鍋の大きさに合わせて円形に折り、中心に穴をあける。

f

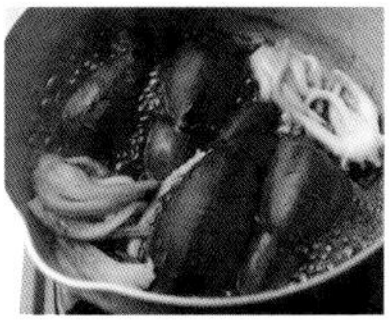

イカの足は、後から入れることで、柔らかく仕上がる。

アサリの酒蒸し

これも、週に１度は食卓にのぼった梅宮家の人気メニューです。
アサリの繊細な風味が損なわれてしまいますから、
ニンニクは決して焦がさないように気をつけてくださいね。

◉材料（２〜３人分）
アサリ……大粒の物４００g
ニンニク……２かけ
サラダ油……小さじ１½
酒・水……各大さじ１
しょうゆ……小さじ１
黒こしょう……少々
ワケギ……１本

a

b

◉作り方
1 アサリは３％の塩水に浸して塩抜きしたら（a）、殻をこすりながら洗う（b）。
2 ニンニクは粗みじん切り、ワケギは小口切りにする。
3 フライパンに油とニンニクを入れて中火にかけ、香りが立ってきたら、1のアサリと酒、水を入れてふたをし口があくまで火にかける。仕上げにしょうゆと黒こしょうを入れて混ぜ合わせ、器に盛り、2のワケギを散らす。

ホタテのマリネ

いつも、わさびじょうゆで食べている
お刺身をこんなマリネにすることで食卓の風景も気分も華やぎますね。

◉材料（2人分）

ホタテ（刺身用）……200g
塩・黒こしょう……各少々
パプリカ（赤・黄）……各¼個
玉ねぎ……⅙個
A
オリーブオイル……大さじ2
レモン果汁……小さじ2
塩……小さじ¼
黒こしょう……少々
大葉……2枚

◉作り方

1 ホタテは厚みを2〜3等分し、塩、黒こしょうをふる。
2 パプリカと玉ねぎは5㎜の角切りにする。
3 混ぜ合わせたAと1のホタテを混ぜ、2を加えてさっくり混ぜ合わせ、冷蔵庫で15分くらいおき、味をなじませる。大葉を5㎜角に切って散らす。

冷やしすだちそば

食欲のない夏には、疲労回復効果のあるすだちのクエン酸をたっぷり摂取できる、こんなメニューをぜひ。

すだちの香りと酸味を生かすため、そばつゆのしょうゆは少なめにしています。

そばが見えないくらいたくさんのすだちをのせるのもおすすめです。

◉材料（2人分）

すだち……4個
生そば……2人分
A
だし汁（P26）……600ml
塩……小さじ1弱
みりん……大さじ1
しょうゆ……大さじ½

◉作り方

1 鍋にAを入れて煮立てたら冷まし、冷蔵庫で冷やしておく。
2 すだちは、ごく薄い輪切りにして種をとる。
3 そばは表示通りにゆでて冷水で洗ってしめる。水けをしっかりきって器に盛り、1のそばつゆを注ぎ2のすだちをのせる。

山盛りきゅうりの冷やし中華

これは、具沢山で酸っぱい「冷やし中華」が苦手だった私のために、母の友人が教えてくれたメニュー。
私の大好物となり、父も好きでした。
美味しくする秘訣は
麺をしっかり水きりしてから
ごま油で、よくもみこむこと。
たれの味は、私好みの甘めにして、
レモンで爽やかに仕上げています。
たれだけなら冷蔵庫で4～5日間保存
できるので、作り置きしておくと便利です。

斜め薄切りにしたきゅうりを少しずつずらして重ねると、まとめてせん切りしやすい。

◉材料（2人分）

中華麺……2玉
ごま油……小さじ2
きゅうり……2本
砂糖……大さじ2½

A
水……200㎖
鶏ガラスープの素……小さじ1
ショウガの薄切り……½かけ分
酒……大さじ1

B
しょうゆ……大さじ3½
レモン果汁……大さじ2
酢……大さじ1
ごま油……小さじ1

◉作り方

1 鍋にAを入れて中火にかけて煮立てる。火からおろし、砂糖を入れて溶かし、Bを入れて混ぜ合わせて粗熱をとり、冷蔵庫で冷やす。

2 中華麺は表示通りにゆでて水で洗い、ぬめりをとってざるにあげ水けをきる。手で麺を軽く握り、さらに水けをきり、ごま油をかけてもみこむ。

3 きゅうりは斜め薄切りにして、せん切りにする（a）。

4 器に2の麺を盛り、3のきゅうりをのせる。冷えた1からショウガを抜いて、麺にまわしかける。

焼きうどん

得意料理は？　と聞かれたら
「焼きうどん」と答えます。
これは父も、よく食べてくれました。
こだわりは、トロッと濃厚なとんかつソースと
「千代の一番」という和風だしをミックスすること。
ソースの酸みと甘み、そして和風だしの風味が
あいまって、くせになる味なんです。
お肉は、いろいろ試した結果、豚バラがおすすめ。
野菜とうどんは豚バラの脂で炒めます。

◉材料（2人分）
うどん……2玉
豚バラ薄切り肉……6枚
カット野菜……1袋
とんかつソース……大さじ2
千代の一番（なければ和風だし）……½包（4g）
塩・黒こしょう……各適量

今回は袋うどんを使いましたが、冷凍うどんでも。

◉作り方
1 うどんは袋のまま電子レンジ（600W）で1分加熱。
2 豚バラ肉をひと口大に切る。野菜は洗ってしっかり水けをペーパータオルでふく。
3 フライパンを熱して、2の豚肉に塩、黒こしょうをふり肉の色が変わるまで中火で炒める。焼き色がついたら野菜を加えてさっと炒める。
4 うどんを加えて軽く炒め合わせたら、千代の一番をふって炒め合わせ、ソースを回し入れて炒める。

肉かす入り焼きそば

これもバーベキューで父が必ず作って
お客様にふるまっていた定番料理です。
ポイントは「肉かす」を入れて、
こっくりと仕上げること。
「肉かす」とは豚の背脂からラードを
取り出して残った油かす。
どうやら「肉かす」を入れるのは、
静岡県、富士宮市の
ご当地グルメ、富士宮焼きそばに
ヒントを得たようです。
麺もキャベツも炒めすぎないのが梅宮流。

◉材料（2人分）

中華麺……2玉
キャベツ……4枚
豚バラ薄切り肉……100g
肉かす……大さじ2
サラダ油……大さじ1
湯……大さじ2
A
ウスターソース……大さじ2
中濃ソース……大さじ1
しょうゆ……大さじ½
B
いわしの粉（煮干しの粉）……小さじ1½
青のり……小さじ1
紅ショウガ……適量

◉作り方

1 麺は袋のまま電子レンジ（600W）で1分30秒加熱してほぐす。

2 キャベツは大きめの短冊切りに、豚バラ肉は4～5㎝幅に切る。

3 フライパンを熱して油をひき、豚バラを広げて入れ、キャベツと麺も加えて湯を回し入れる。

4 肉かすを入れて炒め合わせる。Aをさらに加えて炒める。器に盛り、混ぜ合わせたBをふりかけ、紅ショウガを添える。

豚バラ豆板醤炒め

これも父の得意料理です。ごま油で炒めて香ばしく！
父はお酒のつまみに、私は白いごはんに合うおかずとして。

◉材料(2人分)

豚バラ薄切り肉 …… 200g
ピーマン …… 2個
長ねぎ …… 6㎝
ニンニク …… 1かけ
ごま油 …… 小さじ2
豆板醤 …… 小さじ½
A｜酒 …… 大さじ1
｜砂糖 …… 小さじ¼
｜しょうゆ …… 大さじ1弱
サンチュ …… 適量

◉作り方

1 長ねぎは縦半分に切り芯をとってせん切りにし、さっと水にさらして水けをペーパータオルでふく。

2 豚バラ肉は5㎝幅くらいに切り、ニンニクは薄切りにする。ピーマンは細切りにする。

3 フライパンを熱して油をひき、豚バラ肉を広げるように入れて両面焼き、2のニンニクとピーマン、豆板醤を加えて炒め、香りが立ってきたらAを加えて炒め合わせる。サンチュの葉で1の長ねぎとともに包んで食べる。

らっきょうソースのチキンステーキ

実は、これ、父の新作らしく、食べたことがないんです。でも料理帖を見てすぐ、自家製らっきょうで作りたい！　と思ったのです。

◉材料(2人分)

鶏もも肉……1枚
塩・黒こしょう……各少々
サラダ油……小さじ1
らっきょう……6個
A　砂糖……小さじ1
　　みりん……小さじ1
　　しょうゆ……大さじ1
　　水……大さじ1

◉作り方

1 鶏肉は厚みを均一に広げ、皮と身の間についている黄色い脂をとり除き、塩、黒こしょうをふる。らっきょうは薄切りにする。

脂は、包丁をねかせて削ぐようにしてとりのぞく

2 フライパンを中火で熱して油をひき、皮を下にして鶏肉を入れ、フライ返しで軽く押さえながらきつね色になるまで焼き、裏に返して弱火で5分、また裏に返して5分焼き、切り分けて器に盛る。

3 らっきょうを2のフライパンで軽く炒めてAを回し入れて、ひと煮立ちさせる。切り分けた鶏肉にかける。

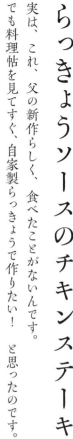

7：3のジューシーハンバーグ

これはお料理上手な母の友人水野さんに教わって以来、はまっているレシピです。こだわりポイントは2つ。ひとつはハンバーグを柔らかく仕上げるために豚肉7：牛肉3の割合にすること！もうひとつは粗くみじん切りした玉ねぎを炒めずに！　混ぜて焼くこと。

「え？　お父さんのレシピじゃないの？」と思われるかもしれませんが、父はハンバーグが好きじゃないんです。でも私の作ったハンバーグは黙って食べてくれました。

私は、みじん切りはフードプロセッサーを愛用しています。

豚肉7：牛肉3の割合で。
豚肉は焼き縮みしない様脂身の少ないもも肉がオススメ。

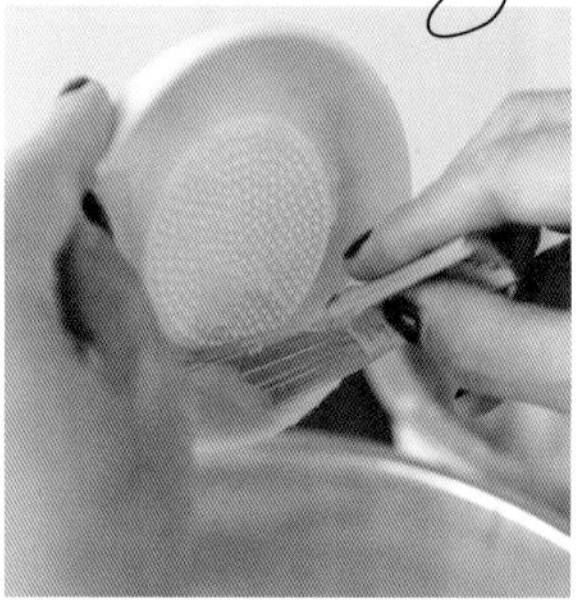

ニンニクは、チューブは使わずに必ずすりおろす！

ここで粘りが出るまでよくこねること！

◉材料（4個分）

豚ひき肉（できたらもも）…… 490g（500gでもよい）
牛ひき肉 …… 210g（200gでもよい）
玉ねぎ …… 中2個
ニンニク …… 大1かけ
A　トマトケチャップ …… 100mℓ
　ウスターソース …… 50mℓ
　赤ワイン …… 大さじ1
　塩・黒こしょう …… 適量
サラダ油 …… 適量

玉ねぎのシャキシャキした食感が好きなので、ソースに入れる玉ねぎも、炒めすぎないようにしています。

手の平に数回打ちつけて空気をしっかり抜くことで、焼いている途中に中の空気が膨張して肉が割れ、そこから肉汁が出てしまうということが防げるのです。

ふっくら焼き上げるためには、ふたをして弱めの中火でじっくり焦らず焼くこと。

◉作り方

1 玉ねぎ2個を粗みじん切りにし、1個分をボウルに入れる。ニンニクをすりおろして加える。

2 豚と牛のひき肉も入れて、よくこね、塩小さじ½、黒こしょう少々をふり入れ、さらに混ぜる。

3 2を4等分して、平べったくまとめる。手の平に打ちつけて空気を抜く。形を整えて中心を窪ませる。

4 フライパンを熱し、サラダ油をひく。中火にし、3を並べ入れ、裏面に焼き色がついたら裏に返してふたをし、弱めの中火で5～6分焼く。

5 器にハンバーグを取り出し、4のフライパンにAを入れてひと煮立ちさせたら、1の残りの玉ねぎを入れて30秒炒める。塩、黒こしょう少々を振り入れて味を調える。ハンバーグの上にソースをかける。

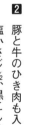

私は、父のハンバーグを食べたことがありません。「好きじゃない、いや、むしろ嫌いだから」と作ってくれなかったのです。外食先でハンバーグなるものを食べたときに、なんて美味しいんだろうと感動したことを覚えています。

今、思えば、子供の私が父にリクエストすれば作ってくれたのかなとも思うのですが、私って意外と父におねだりすることが苦手な娘だったのです。

たとえば高校時代など、父の方から「お小遣い足りてるのか？」と心配して聞いてきても「この間もらったからいいよ、悪いよ」と遠慮したりして。内心は、欲しいなと思っているんですよ。その点、母は甘え上手でしたね。上手に甘えて、料理をはじめ家事全般、なんでもやってもらっていましたから。

私が、大好きなハンバーグを自分で作ろうと思ったのは百々果を産んでから。カレーライスもそうなのですが「あ、いっしょに家で食べてくれる人ができた！」と思って、お料理上手な母の友人に教わったのです。

この本のスタッフが百々果に「お母さんの料理で何が好き？」と聞いたら「ハンバーグと焼きうどん」と答えたそうです。

思わず「私のレパートリーがそれくらいしかないからじゃない？」なんて言ってしまったけど、すごく嬉しかった。

パパの愛情のり弁

メニュー
・のり弁
・牛ヒレステーキ
・卵焼き
・焼きたらこ
・紅ショウガ

父は、家にいるときは必ず、私のために朝4時起きで、中学校1年生から高校卒業までの6年間、このお弁当を作ってくれました。そして大変驚くことに、6年間、内容も寸分違わず、まったく同じままなんです。さすがに飽きた私は、高校でクラスメートとお弁当をトレードすることを思いつきました。

この辰っちゃん弁当は大人気で、予約が入ることも。しまいには、担任の先生まで順番待ちする始末です。

よく「お父さんに、違うお弁当作ってと言わなかったの？」と聞かれるのですが、言わなかったですね。

なんだろう、一生懸命作ってくれてるのに悪いなって。そのわりに、ちゃっかりトレードしてるんですが。一応、それは秘密で。

ずいぶんたってから、父に「実はクラスメートたちと交換してたんだよ」と伝えました。

すると、なんともいえない複雑な顔をして「なんなんだよ」とつぶやいてました。

のり弁

ごはんにお箸を入れたとき、
のりがペロンとはがれてしまわないように、
ひと口ずつしっかりと、味わえるよう
のりは2㎝四方に切って並べるのが
父のこだわりでした。
父は、几帳面な人だったので、
ちぎらず、ハサミで切っていましたね。
我が家は築地の「丸山海苔」と決まっていました。
この「のり弁」、俳優の松方弘樹さんも
大好きだったんです。
松方さんが晩年入院したときも、
父はよく差し入れに持っていき、
「今日も食べてくれたよ」と、
すごく嬉しそうに話していたことを覚えています。

◉材料
温かいごはん……適量
焼きのり……適量
しょうゆ……適量

◉作り方
1 お弁当箱の下半分に、温かいごはんを敷き詰める。
2 焼きのりを2㎝四方に切り、1枚ずつしょうゆをつけて、ごはんの上に端から並べる。
3 もう1段、同じようにごはんと焼きのりを重ねる。

小さく切った焼きのり1枚ずつにしょうゆをさっとつける。

お箸も入れやすく、ひと口ずつ食べやすい、梅宮辰夫流ののり弁です。

お料理のサポートをしてくださった岩崎先生が、
のりを1枚ずつ敷きながら
「ものすごい手間がかかるわ。これを毎朝やってくれていたなんて、
本当に愛情たっぷりのお弁当ね」と言ってくださって。
改めて父に感謝しました。

だし巻き卵

甘めのおかずが好きな私ですが、
だし巻き卵だけは甘さ控えめ派です。
パパの卵には、お砂糖が入っていましたが
これから作り続けたいレシピとして
私の代で、お砂糖をみりんに置き換えて
さらっとした甘さに。
皆さんは、どんな卵焼きがお好きですか？

◉材料

卵……3個
だし汁（P26）……大さじ4
みりん……大さじ1
薄口しょうゆ……小さじ1½
サラダ油……適量

◉作り方

1 温かいだし汁にみりんを入れて混ぜる。

2 ボウルに卵を割りほぐし1と薄口しょうゆを加えて混ぜ合わせる。

3 卵焼き器を熱して油を薄くひき、2を⅕量流し入れて広げ、半熟状になったらふくらみを菜箸でつぶし（a）、端から巻いていく（b）。

4 3の卵を片側に移動させ、空いているところにペーパータオルで油を薄くひく（c）。空いているところに卵を3と同量流し入れて同じように巻く（d）。

5 3と4を数回繰り返して焼き、食べやすい大きさに切り分ける。

卵に穴があかないように、そっとつぶす。

最初の１～２回は、きれいに巻けなくてもOKです。

ペーパータオルで油を薄くひく。

菜箸で巻くのが難しい場合はへらで巻いて。

焼きたらこ

皮がプチっとはじけるあの感じを
大切にしたいから、火を入れすぎないように。

◉材料

たらこ……¼腹

◉作り方

1 温めた魚焼きグリルに入れて、両面焼きなら4分、片面焼きなら2分ずつ焼く。

ステーキ

牛肉はレアが好きではありますが、
お弁当なので、しっかり目に焼きます。

◉材料

牛ヒレ肉……80g
オリーブオイル……小さじ½
塩・黒こしょう……各少々

◉作り方

1 牛ヒレ肉を食べやすい大きさに切り、塩、黒こしょうをふる。

2 フライパンを熱して油をひき、中火で1の牛ヒレ肉を、中に火が通るまで焼く。

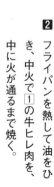

かんぴょう多めの
ちらし寿司

かんぴょう多めのちらし寿司

実は、私、ちらし寿司は、そんなに
好きな料理ではないのです。
でも、父が多くの人にふるまい、
テレビでも、たびたび披露していた料理なので
「レシピを知りたい！」というお声も多く、
ご紹介することにしました。
私は、甘く煮たかんぴょうとしいたけばかり
狙って食べては、父に怒られていました。
お料理の岩崎先生が
「ずいぶん、かんぴょうの分量が多いですね」と
不思議がっていたのですが、
〝アンナ対策〟だったのかもしれません。

◉材料（4人分）

米……2合
すし酢
　A 酢……大さじ3
　砂糖……小さじ2
　塩……小さじ½
かんぴょう……30g
干ししいたけ……4枚
にんじん……小1本（120g）
サラダ油……大さじ1
B だし汁（P26）……200㎖
　しいたけの戻し汁……100㎖
　酒……大さじ2
　砂糖……大さじ3
　しょうゆ……大さじ3
さやいんげん……30g
卵……1個
砂糖……小さじ½
サラダ油……少々
焼きのり……2枚
紅ショウガ……適量

◉作り方

1 米を洗って炊く（炊飯器ならば寿司モード、鍋ならば水加減やや控えめに）。Aは混ぜ合わせておく。米は炊き上がったらほぐさず飯台にあけ、Aをまわしかけて（a）ひと息おき、切り混ぜる。Aが全体になじんだら切り混ぜながらうちわであおぎ冷ます。

2 しいたけはさっと洗ったらポリ袋に入れ、しいたけがしっかりかぶるくらいの水を入れて空気を抜くようにして口をしばる（b）。1時間ほどおき、しいたけが戻ったら薄切りにする。にんじんは4㎝のせん切りにする（c）。

3 かんぴょうは水で洗い、塩適量（分量外）をふってもみ（d）、塩を洗い流したら、鍋に入れて、かんぴょうがかぶるくらいの水を加え火にかける。沸騰後、弱火にして柔らかくなるまでゆでる。ざるにあげて水けを

ごはんはほぐさず飯台に移すこと！

ポリ袋を使うと水の量も場所も節約できる

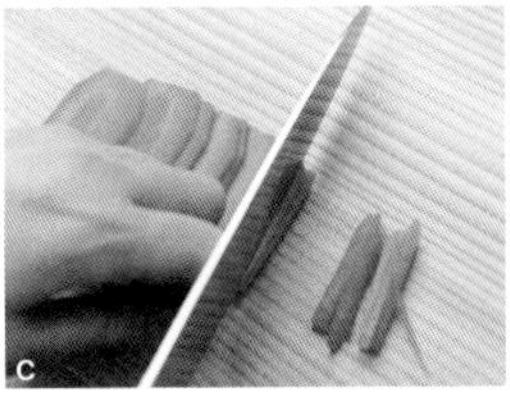

少しずつずらして置くと、まとめてせん切りできる。

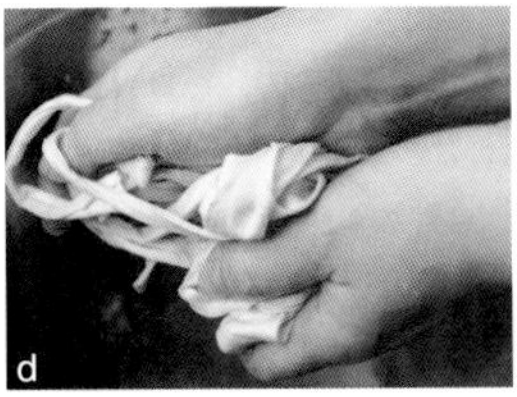

塩をふったら、しっかりもむ。

にんじんやしいたけと長さを揃えると歯ごたえも良く、見た目も美しい。

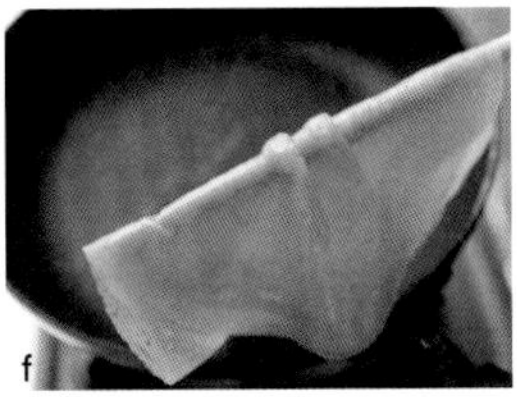

薄焼き卵は菜箸ですくうととりやすい。

必ずレシピ通りの順で炒める。

煮汁は、ここでしっかり煮飛ばさないと、ごはんが水っぽくなる。

ごはんを切るようにして混ぜる。

きったら冷まし、2㎝長さに切る。

4 さやいんげんは、へたを切り、熱湯で1分ゆでたら4㎝の斜め切りにする（e）。

5 卵をほぐし、砂糖を加えて混ぜる。小さ目のフライパンを熱して油少々を薄くひき、2回に分けて薄焼き卵を焼いて（f）せん切りにする。

6 鍋に油大さじ1をひいて熱し、2のにんじんをさっと炒め、しいたけと3のかんぴょうを加えて炒め合わせたら（g）Bを入れ、沸騰後ふたをして弱火で10分ほど煮る。仕上がりにふたをあけて火を強め、時々混ぜながら煮汁を飛ばす（h）。

7 1のすし飯に6を混ぜ合わせ（i）、さやいんげんと錦糸卵を散らし、焼きのりをもみながらかけ、紅ショウガを添える。

フライパン・ローストビーフ

これもまた、父の得意料理です。
オーブンで焼くよりも、フライパンとアルミ箔で
低温で蒸し焼きにするとふっくら仕上がるのです。

下準備
肉は焼く1時間前から塩、黒こしょうをすりこみ、室温におく。

◉材料（作りやすい分量）

牛モモ塊肉 …… 400g
塩 …… 小さじ1/4強
黒こしょう …… 少々
オリーブオイル …… 小さじ1
バター …… 小さじ1
A ｜玉ねぎのすりおろし …… 1/4個分
　｜ニンニクのすりおろし …… 1/2かけ分
　｜しょうゆ …… 大さじ1 1/2
　｜酒 …… 大さじ1
　｜みりん …… 小さじ2
B ｜レモン果汁 …… 小さじ1
　｜粗びき黒こしょう …… 少々
クレソン …… 適量

a
トングがあると便利。

b
ふたをして蒸し焼きにすると、オーブンで焼くのと違い、肉がふっくら仕上がる。

c
余熱で火を通すので、ガスコンロ近くなど温かい場所がよい。

◉作り方

1 フライパンを熱しオリーブオイルをひき、下準備しておいた肉の表面を1面ずつ焼き色がつくまで中火で焼く（a）。

2 面の広いところをフライパンに接するように置き、ふたをして（b）弱火で5分焼く。裏に返してさらに5分ふたをして蒸し焼きにする（フライパンは洗わない）。

3 すぐに肉をアルミ箔で包み（c）、冷めるまで室温に置く。

4 ②のフライパンを火にかけてバターを溶かし入れる。Aを加えて混ぜたらひと煮立ちさせ、火を止め、Bを順に加えて混ぜ合わせる。冷めたローストビーフを薄切りにし、クレソンとソースを添える。

サンドイッチ

これは、紀ノ国屋さん自家製のリヨン風ハムとバタールで作ると決まっていました。我が家ではこれを「紀ノ国屋のサンドイッチ」と言っています。特に母が大好きで、しょっちゅう父に作ってもらっていました。

◉材料（1個分）

バタール……½個
リヨン風ハム……2枚
トマト……1個
レタス……1枚
バター……大さじ1
粒マスタード……小さじ2

◉作り方

1. バタールの中心を切り開き、バターと粒マスタードをぬる。
2. レタスは食べやすい大きさにちぎり、トマトは7㎜厚さに切る。
3. 1のバタールにレタス、ハム、トマトをはさむ。

焼きバナナ

ブラウンシュガーを煮溶かしてから、
強火で一気に加熱せず、弱火で仕上げるのがコツ。
冷たいアイスクリームを添えると絶品です

◉材料（2人分）
バナナ……2本
水……小さじ1
ブラウンシュガー……大さじ2
バター……20g
ラム酒……大さじ1
バニラアイスクリーム……適量
シナモンパウダー・ミントの葉……各少々

◉作り方

1 バナナは皮をむき縦半分に切る。

2 フライパンに水とブラウンシュガーを入れて混ぜ、弱火にかけ、砂糖を煮溶かしたらバターを入れてさらに溶かす。

3 1のバナナを入れてからめ、ラム酒を回し入れ、ひと煮立ちさせる。器に盛り、アイスクリームを添え、シナモンパウダーをふり、ミントを添え、仕上げにフライパンに残ったソースをかける。

大根の皮漬け

父は、いつも何か干していました。
アジの開きや
昔は梅干しも作っていたので梅も。
大根の皮は、
調理台によく広げて干してあり、
私は、「やだ、ゴミ出しっぱなし！」と
捨てようとしては
「違う、違う！」と父に
慌てて止められていました。
そんな私ですが、
この大根の皮漬けは大好物なんです。
私が、これを作り始めたと知ったら
父は、どんな顔するんでしょうね。

◉材料（大根1本を干した皮70g分）

大根……1本

A しょうゆ……大さじ1と½
　酢・みりん……各小さじ1
　水……大さじ1

すだち……1個

だし昆布……5㎝

一味唐辛子……少々

カツオの削り節……½袋（2g）

◉作り方

1 大根は3～4㎝に切ったら皮を厚めにむく。日にあたる場所に置き2日間干す。陰干しするならば4日間くらい。

2 1はせん切りにする。削り節は茶こし袋に詰め、すだちは薄い輪切りに。

3 ポリ袋にAを入れて混ぜ、さっと洗っただし昆布、2、一味唐辛子を入れて軽く混ぜたら、空気を抜くようにして口をしばりひと晩おく。

お天道様と父

父はよく、「お天道様をバカにするやつはバカだ！」と言っていて、私にも小さい頃から「お天道様は偉いんだぞ。お米も野菜も人間もお天道様がなければ育たないんだからな、感謝するんだぞ」と言い聞かせていました。「お天道様といっしょに生活するのが一番だ」と言われ続けたせいか、私も母も、朝5時には必ず起きる、早寝早起きの生活が身についています。

そんなお天道様好きの父は、魚や野菜といっしょに、自分のこともベランダでよく干していましたね。梅宮辰夫といえば一年中、日焼けしていたイメージがあると思いますが……実は、そういうわけだったのです。

真鶴の家のベランダで、また何かを干している父の後ろすがた。

父の遊園地「紀ノ国屋」

父が東京にいるときは、毎朝9時半に東京・青山の高級スーパー「紀ノ国屋」のエントランスに並び、ドアが開くや否や買い物開始。きっちり3袋分買い物して帰ってくるというルーティーンがありました。

父にとって、世界、そして日本中から集められた最高級の食材や面白い商品を手にとれる紀ノ国屋さんはさながら遊園地。毎日行っても飽きないどころか、ワクワクできる場所なのです。

父がどれほど紀ノ国屋さんの常連だったかというと、リニューアルオープン時のテープカットの役割を任命されたほどです。

仕事ではなく、プライベートでその役割を任されたことを誇りに思っていました。

実は一度父に、「近所のスーパーだって、ものは悪くないよ。そんなに何でもかんでも紀ノ国屋さんで買わなくてもいいんじゃない、ちょっと贅沢すぎない」って言ったことがあるんです。そうしたら「おまえが買ってるブランドの服やバッグに比べたらたかが知れてるだろ」と言われて言葉なし。一本とられました。

でもね、最近、私、料理を始めてわかってきたんです。紀ノ国屋さんのものの良さが。安くはないけれど、値段にふさわしい品質なんだということが。

この本では牛テールスープ（P36）の牛テールと、「ぢっぢのステーキ」（P28）のヒレ肉と、「サンドイッチ」（P10）のバタールとリヨン風ハムは紀ノ国屋さんのもの。これればかりは、紀ノ国屋さんで買わないと父のレシピが再現できなかったのです。

もし、皆さんが東京に遊びにきたあかつきには、ぜひとも青山の紀ノ国屋さんによってみてください。今は、オンラインショップもあるので、そちらでお買い物をしてみるのも楽しいと思います。

「紀ノ国屋インターナショナル」
東京都港区北青山3-11-7 Aoビル B1F

父が料理をする理由

父はなんであんなに料理が好きだったんだろうか？　と時々思うんです。

晩年も、病で痩せた体でキッチンに1日中立っているから「少し休んだ方がいいよ」と母と2人ですすめるのですが、「座っているとむしろ疲れる。料理を作っていると疲れを忘れるんだ」と言って、いうことをきいてくれないので心配しました。なんとなくですが、無心になって、心が穏やかになれるところがいいのかなと背中を見て感じていました。若い頃は、芸能界でさまざまなことがありましたし、老いては、日々弱り、ままならなくなっていく己の体に不甲斐なさを感じて、自分自身にイライラしていましたから。

ただ、キッチンにこもり自分の世界に入り込んで料理することも好きでしたが、大勢のお客さんのために料理をふるまい、喜んでもらえることも大好きでした。

春は桜の会を開き、夏や秋はバーベキューの会を主催。お正月などは連日大勢の方が家にいらっしゃるので、私などお相手が面倒で、海外に逃げ出すことを常としていたほどです。

それが、来年の春から、父が亡くなりお休みとなっていた桜の会を私が引き継ごうと思っているんです。父と同じようにお料理をふるまえる自信はありませんが、人生初！　のおもてなし料理を作ってしまうかもしれません。

それにしても、不思議なものです。父の料理帖を引き継いでから、次々と父が大切にしていたものを受け継ぐ流れになるんです。たとえば父が好きだった真鶴の家。そして、今度は桜の会。次は何を受け継ぐことになるんでしょうね。

楽しみなような、怖いような……。

父から受け継いだ大切なものといえば、5匹のワンちゃんたち。特に、このクマちゃんは父の一番の相棒であり、晩酌の相手まで務めてくれていました。このクマちゃん、父が亡くなったとき、ひと晩にして一部の毛が真っ白になってしまったのです。今は、すっかり元気になりましたのでご安心を。私、ワンちゃんたちの世話なんてほとんどしなかったのに、今ではすっかり、生活の中心です。

とり返された父の宝物

この本の主役でもある「父の遺した料理帖」が、父にとってどれほど大切なものかということを物語る思い出をお話ししますね。

今から20年前、私の結婚が決まったとき、父に「パパからの結婚の贈りものだ」と言って、おもむろに数冊のノートを手渡されました。パラパラとめくってみると、そこには手書きのレシピとお料理のイラスト。そう、父がコツコツと書きためていた料理帖だったのです。もしかしたら父は、将来私が結婚するときに持たせようと思って、レシピを書き始めたのかもしれません。

さて、それをもらった29歳の私はなんと言ったでしょう。

「え～、現金がいいなあ！」

……。父に「バカッ」と怒られました。「おまえは、これがどんなに大切なものかわかってない」って。

えー、その結婚は1年で終わりまして、離婚が成立した次の日に、父が私にかけた言葉はなんでしょう。

「おまえ、あの料理帖返してくれる?」

……。まあ、それだけ大切なものだったとはいえ、現金がいいと言い放つ私も私なら、戻ってきた娘に、最初にかけた言葉が「あの料理帖返せ」という父。親子だなあって思います。

それにしても、その料理帖を今、こんなに大切にしているのですから、人生わからないものですね。親の思いと愛を知るのに20年かかっちゃいました。

齢《よわい》49にしてお料理恐怖症を克服！

実は、私、この本を作るまで正真正銘お料理恐怖症だったのです。お料理といえば、私ごときが手を出してはいけない恐れ多いものと認識していました。

なぜなのかな？　と、この機会に考えてみたのですが、父の影響です。

あるときスタッフに「お父様は、アンナさんにお料理を教えようとはなさらなかったのですか？」と質問されたのですが、まったく逆です。

小学生くらいでしょうか。キッチンにこもる父のそばに行くと「ケガしたら大変だ」と言われて遠ざけられ、包丁に触ろうものなら「危ない！」と飛んできてとり上げられるわけです。

また、父の買い出しにもよくついて行きましたが行き先は築地。朝3時に起きて、長靴をはき、出発。店先で魚や野菜を選ぶ父の目は真剣そのもの。子ども心に、ここは神聖な場所だから真面目にしていなくちゃいけないと思ったものです。

帰宅後、父はキッチンにこもって仕入れたばかりの魚を次々とさばいていくのですが、内臓がつまれ血だらけとなった調理台を見て「事件現場みたいで怖い……」

とも思っていました。

そういえば、この本を作り始めたばかりの頃、東京・青山の「無印良品」に初めてお買い物に行ったんです。センスのいい調理器具とか今流行っている面白いスパイスや食品があると噂に聞いたもので、どんなところなのか探検してみようかなと思って。

でもね、怖くて、大急ぎで出てきてしまいました。

だって、棚に並んでいるものが売り物なのか、飾ってあるオブジェなのかもわからないんですもん！　2階に上がることさえできませんでした。きっと、あの階段の先は、すごくお料理に詳しくて上手な人だけが行ってもいいところなんだろうな、と勝手に思いこんでいました。

そんな私も数カ月後の今は、調理器具や食材に興味津々。

つたないながらも「お料理って、すごく楽しい」と日々思いながら、ネットであれこれ調べては買い物しているのですから自分でも驚きです。

近々、また「無印良品」のキッチン＆食材売り場にチャレンジしてみるつもりです。

料理帖は未来へのウィッシュリストだった

父が亡くなる3年前くらいからでしょうか。

「年齢も年齢だから、自分が亡くなった後のことを考えて、家族のためにいろいろやっておいてね」とお願いしていました。

いろいろとは、相続にまつわる事務手続きに必要な書類の整理など。まあ、終活のお願いです。

その日、父は「わかった」と力強く返事をしてから、茶色の革の立派なノートに向かい、一心不乱に何かを書き連ね始めました。

当然、通帳や実印の場所、取引先の銀行のことだとか、口座番号や家の権利書のことなどを書いてくれているのだと思い安心しきっていたのです。

父・梅宮辰夫、２０１９年12月12日、81歳、慢性腎不全で死去。

お葬式後、哀しむ間もなくせっつかれるように要求

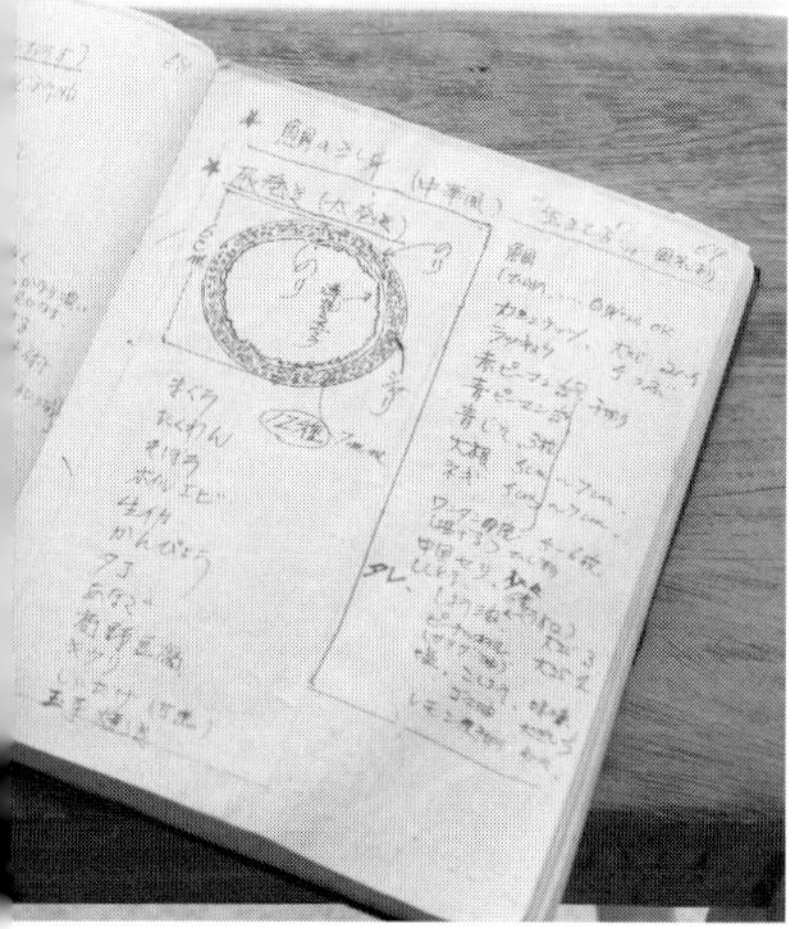

される現実への対処。すがるようにして、何冊もある「茶色の革のパパのノート」を開いてみると、丁寧な字でびっしりとレシピが書かれていたのです。ショックで倒れそうになりました。

父にとって、家族のための終活とは「梅宮家のレシピ決定版！」をまとめることだったのです。

さて、そんな、我々にとって曰くつきの料理帖ですが、この本を作るにあたり、改めてじっくり目を通してみて不思議に思うことがありました。私たち家族が食べたことのないメニューが、結構な数あるのです。どういうことなのかなと考えてみたのですが、父にとっての終活とは、終わりゆく人生の後始末ではなく、人生最後の期間を楽しく過ごすための、ウィッシュリスト（やりたいことリスト）作りだったのです。そう、レシピひとつひとつが、父のウィッシュ（希望）だったというわけです。それに思いあたったとき、グッときてしまいました。

残された新作レシピの数から推測するに、父はあと10年は生きるつもりだったのではないでしょうか。晩年は、体調を崩しがちでしたが、そんななかでも前向きで、ガッツがあって父らしいなと思いました。

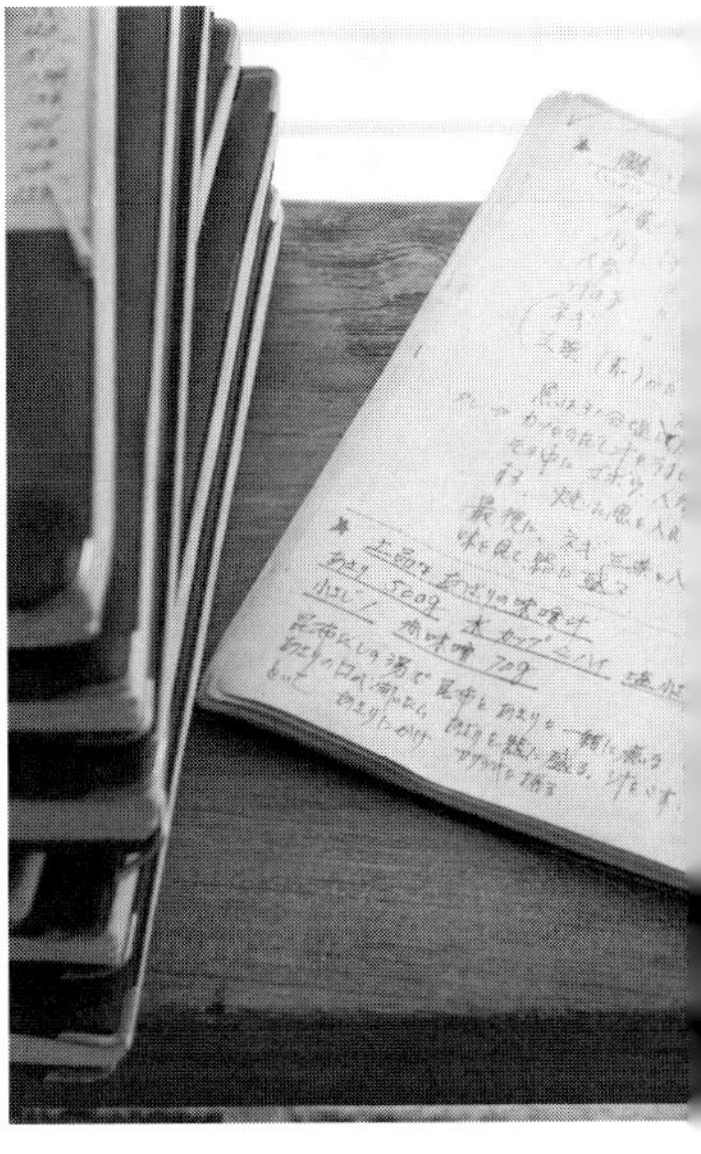

美味しそうな匂いのする棺?!

　父の葬儀にあたり、私は、棺に父の大好きだったものを入れてあげたいなと思っていました。できることなら、父の宝箱でもあった冷蔵庫ごと入れてあげたいくらいでした。そこで私が父の旅のお供に選んだものは、ジップロックにステーキ肉を少々、アジシオ、味の素、築地の丸山海苔、だし昆布、ハイチュウのりんご味20個、そして紀ノ国屋さんの紙袋3枚。なぜ3枚かというと、紀ノ国屋さんに行ったら必ず3袋分買い物をしてきたからです。お花は、彩りにほんの少しだけ。多分父に「おまえ、俺、花なんか飾ったことないだろ」って怒られるかなと思って。

　本当は、父が祖母から受け継いだレシピで作っていたキムチも入れてあげたかったのですが、ちょっと遠慮しました。

　さて、そろそろ、皆さんお気づきでしょうか？　棺を火葬炉に入れてからしばらくすると、世にも美味しそうな香りがぷ〜んと漂ってきたのです。参列された方も、焼き場の方も、肩をふるわせていたので「笑ってもらっていいですよ」とお伝えしました。父らしい？　美味しいお葬式でした。

おわりに

今、私の1日は、朝5時に起きて、真鶴の海からのぼる日の出を見ながら、お鍋でごはんを炊き、だし巻き卵を焼き、ぬか床から野菜を取り出して朝食を作るところから始まります。

まだまだ料理初心者なので、毎日「練習、練習」とつぶやきながらキッチンに立っています。すごく楽しい。

それにしても不思議なものですね。

父がいたときは料理などまったくせず、いなくなったら始めるとは。

不思議といえば、この本作りをきっかけにお料理を始めてから、私の人生の流れが大きく変わり始めたことを感じています。

自分がつきあっていきたい人たち、手がけたい仕事が明確になり、周りの環境もがらりと変化し、人生が新しい段階に入ったように思うのです。

今、私には、ひとつの夢があります。

この本を手に取り、読み、作ってくださった方が、今度はご両親や、きょうだい、お料理上手な親戚の方に、美味しかったなと思った料理のレシピを聞いて、受け継ぐという輪を広げること。

レシピを聞く相手は、何も家族じゃなくて、友人やご近所の方だっていいと思います。私自身、今年のお正月に向けて、真鶴の家の近くに住むお料理上手な小林さんに、彼女の絶品お雑煮の作り方を教わる約束をしているんです。楽しみ。

お料理のレシピを聞くということは、その方に「すごく美味しかった」と感謝の気持ちを直接伝えることでもあるんですよね。

相手は、案外「そんな風に思ってくれていたの?」と驚くのではないでしょうか。

私自身、もっともっと父に「ありがとう」、「美味しかった」の気持ちを直接伝えればよかったなと、ちょっと後悔してもいるんです。

父がいつも料理を通じて大切な人たちと幸せな気持ちをシェアしていたように、この本を通じて、皆さんへの幸せのお福分けができたら、幸いです。

最後に、この本のスタッフにお礼を言わせてください。

この企画を最初に理解してくださった主婦の友社の中川様、父のレシピを読み解き、私の思いを汲みながら料理を再現してくださった岩﨑先生、どうして私の好みがわかるの？　と思うほど素敵な器を選んでくださったスタイリストの諸橋様、最高に美味しそうな写真を撮ってくださった佐山様、大好きなテイストで誌面をデザインしてくださった釜内様、五十嵐様、清水様、独特のアンナ節を忠実に再現してくださったライターの斯波様、そしてお顔合わせはできていないものの、私の記憶違いまでも正してくださった校正さん、時間がないなか作業をしてくださったＤＴＰチームの皆様、職人技でお料理の色を表現してくださった印刷会社のご担当者様、この本を多くの人に届けるべく大奮闘してくださっている広報部、そして営業部の皆様。本当にありがとうございました。

梅宮アンナ

梅宮アンナ

1972年東京生まれ。父は俳優の梅宮辰夫、母は元モデルのクラウディア。街でのスカウトをきっかけに、19歳でモデルデビュー。『JJ』『CLASSY.』『VERY』など、人気女性ファッション誌の専属モデルを務め、カリスマ的な人気を博す。2002年に、娘・百々果を出産してからは、タレント業と母親業の両立に日々奮闘している。現在は、TV、雑誌、イベントのほか洋服のプロデュースなど、幅広くクリエイティブな分野で活躍中

(スタッフリスト)

料理製作(P46、48、90、96以外)
　岩﨑啓子
撮影　佐山裕子(主婦の友社)
スタイリング　諸橋昌子
デザイン　釜内由紀江、五十嵐奈央子、清水桂(GRiD)
DTP　ローヤル企画
校正　東京出版サービスセンター
写真協力　株式会社紀ノ國屋
制作協力　BRUTUS
編集・取材　斯波朝子(オフィスcuddle)
編集担当　中川通(主婦の友社)
編集デスク　志岐麻子(主婦の友社)

梅宮家《うめみやけ》の秘伝《ひでん》レシピ

2021年12月20日 第1刷発行

監　修　梅宮《うめみや》アンナ
発行者　平野健一
発行所　株式会社 主婦の友社
〒141-0021
東京都品川区上大崎3-1-1
目黒セントラルスクエア
☎03-5280-7537(編集)
☎03-5280-7551(販売)
印刷所　大日本印刷株式会社

ISBN978-4-07-448611-3